本书获国家自然科学基金面上项目（71573227）、浙江省哲学社会科学规划课题（17NDJC193YB）、浙江省自然科学基金面上项目（LY19G030030）、浙大–IFPRI国际发展联合研究中心的支持。

Social Capital in Farmer Cooperatives

Benefits and Pitfalls

———

农民合作社
社会资本

益处与困境

梁 巧 著

ZHEJIANG UNIVERSITY PRESS
浙江大学出版社

图书在版编目（CIP）数据

农民合作社社会资本:益处与困境 / 梁巧著. —
杭州:浙江大学出版社,2021.8
ISBN 978-7-308-21515-2

Ⅰ.①农… Ⅱ.①梁… Ⅲ.①农业合作社—社会资本
—研究—中国 Ⅳ.①F321.42

中国版本图书馆 CIP 数据核字(2021)第 121476 号

农民合作社社会资本:益处与困境

梁 巧 著

策划编辑	陈佩钰	
责任编辑	寿勤文　郭琳琳	
责任校对	许艺涛	
封面设计	雷建军	
出版发行	浙江大学出版社	
	（杭州市天目山路 148 号　邮政编码 310007）	
	（网址:http://www.zjupress.com）	
排　　版	杭州青翊图文设计有限公司	
印　　刷	广东虎彩云印刷有限公司绍兴分公司	
开　　本	710mm×1000mm　1/16	
印　　张	8.5	
字　　数	151 千	
版 印 次	2021 年 8 月第 1 版　2021 年 8 月第 1 次印刷	
书　　号	ISBN 978-7-308-21515-2	
定　　价	68.00 元	

序

FOREWORD

新中国成立以后，尤其是改革开放以来，我国农业的发展取得了巨大成就，不仅解决了世界上人口最多的国家的百姓吃饱饭这一基本民生问题，而且满足了14亿中国人从温饱到全面小康的食物需求。2021年的中央一号文件提出全面推进乡村振兴，加快农业、农村现代化，并强调以推动高质量发展为主题。然而，与世界上一些发达国家的农业相比，我国正处在传统农业向现代农业、数量增长向质量提升的转型发展中，对照高质量农业的基本特征，我国农业还存在不少差距与问题。农业高质量发展的关键，既在于各类要素和资源的合理配置，也依赖于产业组织体系的高质量发展，其中农民合作社是最重要的产业组织形式之一。

自农民合作社在西方国家产生和发展以来，已经历将近两百年的发展历史，当今，无论在发达国家还是发展中国家，农民合作社在所有市场经济国家的农业生产和供应链中都发挥着重要作用，这是由农业生产最基本的特点、生产的生物性、地域的分散性所决定的。基于我国农业生产以一家一户小规模为主及小农户将在未来时期内长期存在的现实，通过发展农民合作社提高市场竞争力，同时为农户提供各种社会化服务，是一种较为有效的农业发展方式。可以说，农民合作社是小农户和现代农业发展有机衔接的理想载体，也是我国农业产业实现高质量发展的必然途径。

业界和学界都非常关注合作社在农业生产和经营中的作用，以及合作社本身治理机制的合法性和合意性，相比之下，对于合作社社会资本的关注则少之又少。事实上，社会资本对合作社发展来说具有特殊意义。合作社的治理机制强调社员在决策制定和利益分配上的参与性和交流性，这决定了组织内部管理成本相对较高，因此合作社比一般的资本导向型企业更依赖于社会资本。此外，合作社的发展嵌入社会结构背景中，除了制度环境和市场环境，还要与社区结构相融合才能更好地发挥作用。这些特点决定了社会资本对于合作社发展的决定性作用。我国农民合作社核心社员和普通社员的分层、组织小规模性和地域性的特点，使得我国合作社的内部成员交流具有不同于西方国家合作社的特点，如核心成员在交流中处于主导地位，社区嵌入性也尤为明显，这意味着，与西方国家相比，社会资本在我国合作社中可以承担更为重要的角色。

梁巧博士的这本专著首次系统性地对农民合作社的社会资本进行界定。我们都知道，社会资本的界定和衡量一直是一个难题，也缺乏统一的标准，这本专著则在经典社会资本的理论基础上，考虑农民合作社的组织特点，构建了包含多个维度的合作社社会资本指标体系，并分析了社会资本在农民合作社生命周期各个阶段的发展规律和作用特点。这本专著还从不同视角分析合作社社会资本的作用，不仅考察了社会资本对于合作社绩效的正面影响和社会资本与合作社治理机制之间的互动，而且强调了社会资本可能产生的负面作用。该专著对于社会资本理论、农民合作社相关研究具有重要的贡献，也为我国农民合作社实现绩效提升和高质量发展提出了重要建议，是一本对研究合作社问题和社会资本问题有兴趣的学者和读者关注的专著。

黄祖辉

2021 年 4 月 2 日

目 录
◆CONTENTS

一、绪 论

（一）研究背景

　　发展中国家的农业和农村往往具有发展较为落后的特征，在一定程度上阻碍了经济增长，主要表现为基础设施差、与终端市场的地理距离远、技术能力不足和农民的受教育水平相对较低等。大量研究表明，农民可以组织起来构建合作社并通过集体行动来克服这些局限（Bernard 等，2008；Staatz，1987）。Dunn（1988）将合作社定义为一种使用者拥有并控制的组织，其收益也是基于使用进行分配的。农民合作社的主要经营活动包括为其农户社员提供技术服务、提高其讨价还价的能力、出售社员的产品等（Feng 和Hendrikse，2012）。这些活动通过获得规模经济、降低市场风险、建立反补贴能力、提高加工增值、为社员提供社会化服务以及产品销售等方面使社员受益（Cook，1995；Ito 等，2012；Yang 等，2013）。除上述经济功能外，合作社还能够发挥类似协会的功能为其社员提供服务，例如以农民代表的身份与政府对话、减少农业劳动力的女性化和老龄化等问题（Liang 和 Hendrikse，2013a；Song 和 Vernooy，2010）。这种角色的多样性增加了合作社在农村社会和农业经济发展中的重要性。

　　全球有 2.8 亿人口在合作社中就业，换言之，这些人口占世界就业人口的10%，这足以说明合作社并不是一个边缘现象，而是主要的组织方式之一。[①]在欧洲多个国家，农业合作社的市场份额超过一半，如芬兰、荷兰、丹麦、瑞士、爱尔兰、法国等，其中乳制品、水果和蔬菜是合作社市场份额最高的产业

---

① 数据来源：ICA，http://www.copac.coop/data-explorer/。

部门，如瑞典、爱尔兰、奥地利、丹麦等国家的乳制品合作社市场份额占 80%
以上，荷兰的蔬菜合作社市场份额占 95% 以上，比利时的蔬菜合作社市场份
额占 80% 以上。① 美国农业合作社的发展则呈现出与其农场发展相似的规
律，即组织数量趋于稳定和下降，但是社均交易规模呈现出扩大态势。2008
年到 2017 年，农业合作社的数量从 2475 家下降到 1871 家，下降了约 25%；
社员数量从 235.4 万人下降至 189 万人，下降了约 20%。尽管合作社数量和
社员人数都明显下降，但这十年间，全职员工人数增长了 12%。② 可以说，发
达国家农业合作社在数量上的发展与其农业人口的减少、农场数量的下降和
规模的扩大相关，并非一种下坡趋势。

21 世纪以来，中国农民合作社进入了快速发展阶段，尤其是 2007 年《中
华人民共和国农民专业合作社法》（以下简称《合作社法》）实施后，农民合作
社在种植、养殖、农机、林业、农村旅游等各个产业部门竞相发展，其服务内容
涉及农资供应、产品销售、产后加工、技术培训、信息服务等各类服务，在农户
小生产与大市场的对接中发挥了重要作用，是农业现代化和乡村振兴的重要
组织载体。党和政府对农民合作社的发展一直给予高度重视，连续多年在国
家一号文件中专门强调发展各种形式的农民合作社的指示和要求，不断推进
农民合作社的发展。

据农业农村部统计，2007 年中国农民合作社有 26400 家，而截至 2018 年
底，中国农民合作社数量达到 189 万家，将近 1/3 的农户加入了农民合作社，
其数量和社员数量如图 1-1 所示③。值得一提的是，无论是合作社数量还是
社员数量，自 2014 年以来都从直线式增长转变为边际增长率递减的趋势。可
以说，在今后相当长时期内，这种趋势将会更加明显。与发达国家合作社的
发展规律类似，这一数量增长放缓，甚至呈现负增长的状态，是合作社发展的
生命周期里自然且必然的发展趋势。

农民合作社发展迅猛，在帮助农户节省生产资料成本和交易成本、进入
市场等方面发挥了重要作用，然而，农民合作社治理结构不规范、竞争能力不
强的弱点也凸显出来，主要表现在两个方面。第一，农民合作社治理结构存
在缺陷，尽管大多数农民合作社都设立了理事会、监事会和社员大会，并在章

---

① 数据来源：USDA 2018 report。
② 数据来源：Support for Farmers' Cooperatives，2012。
③ 数据来源：《中国农村经营管理统计年报（2018 年）》。

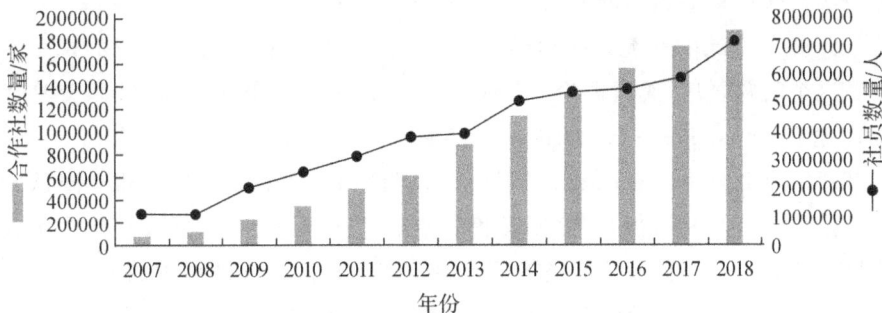

图 1-1　农民合作社数量和社员数量(2007—2018 年)①

程中规定了社员民主决策和收益分配的原则,但相当一部分流于形式,核心社员占据主导地位是农民合作社的普遍现象,普通社员难以参与农民合作社日常管理,也无法分享到合作社的返利。第二,农民合作社规模较小,竞争力较弱,难以与其他农业企业进行有效抗衡,也难以与上下游经营主体进行有效谈判,导致合作社整体绩效无法彰显,在产业链中的作用发挥有限。可以说,农民合作社正面临着从数量增长到质量提升的关键时期,亟须通过绩效的提升激发合作社在产业链中的主导作用。

和一般的投资者所有企业相比,合作社的所有权特征决定了组织的管理成本相对较高,主要体现在内部交易成本上(Valentinov,2004),即合作社更加注重所有社员在决策制定和利益分配上的共同参与和交流。合作社是一种基于社会资本的组织,这是因为社会资本在促进合作和信息交流方面具有特殊作用,社会资本被定义为基于人际社会关系的宝贵资产(Adler 和 Kwon,2002)。此外,合作社的发展是嵌入一定的社会结构背景中的(徐旭初,2005),其组织制度只有与社会结构性要素相融合才能更好地发挥作用。考虑到合作社内部社员之间的交流性和外部关系的嵌入性,社会资本理论是从上述角度进行研究的理想分析工具。而中国农民合作社核心社员占主导地位和小规模性、地域性的特点,使得中国农民合作社的内部社员交流具有特殊性,社区嵌入性也尤为明显,这意味着,与西方国家相比,社会资本可以在中国农民合作社中承担更加重要的角色。

关于农民合作社在农业中重要作用的研究非常丰富,如主要通过规模经济效应、消除双重加价、延伸产业链、降低市场风险、竞争标尺效应等,为农户

---

① 　数据来源:农业部统计资料和《中国农村经营管理统计年报》(2015—2017 年)。

创造收益(Cook,1995;Liang,2013)。关于合作社与其他类型组织的差别,学者们开展了广泛的研究(Hendrikse 和 Feng,2013),运用各种理论的视角来研究这个问题,包括代理理论(Cook,1995;Hueth 和 Marcoul,2009)、交易成本理论(Bonus,1986;Hendrikse 和 Veerman,2001a)、产权理论(Fulton,1995;Hendrikse 和 Veerman,2001b)、博弈论(Hendrikse,1998)和有限认知理论(Feng,2011)等,但是,这些理论观点有一个共同不足之处,它们在很大程度上忽略了合作社和社员经济活动在合作社社区社会环境中的嵌入性,也忽略了合作社社员之间的社会关系的解释意义,而这些,正是社会资本的范畴。

(二)研究目的和问题

中国农民合作社具有一些不同于西方国家合作社的鲜明特征,使得社会资本在合作社中的角色更为突出。特征一体现为关系文化,即中国特有的关系管理(Jia 和 Zsidisin,2014)。它是指交易主体之间的关系机制,是中国主要的非正式制度之一,这使得社会资本在中国合作社中变得更加重要(Jia 和 Zsidisin,2014;Liang 等,2015a)。人们使用其"关系"来促进诸如商业交易和资源获取之类的活动。中国的农民合作社通常规模较小,且嵌入当地村庄,因此,"关系"一方面可能有利于交流,另一方面又会阻碍外部资源的使用(Liang 和 Hendrikse,2013b)。

特征二是合作社社员的异质性,主要表现为核心社员和普通社员的分层。其中前者在控制权和收入权上均占主导地位,而后者则专门从事生产,几乎不参与决策(Liang 等,2015b)。一方面,社员的异质性对社会资本有更高的要求,需要在不同社员群体之间进行协调;另一方面,它可能导致核心社员和普通社员之间的社会资本分配不均。

在有关合作社研究的文献中,学者研究了许多与社会资本概念有关的问题,包括意识形态、文化、价值、信任、认同、规范、忠诚和承诺等(Fulton 和 Adamowicz,1993;Hansen 等,2002;Valentinov,2004;James Jr. 和 Sykuta,2006;Bhuyan,2007;Nilsson 等,2012)。然而,已有研究对合作社的社会资本尚缺乏系统性分析。那么,农民合作社的社会资本究竟包含了什么内容? 与西方国家相比,中国农民合作社社会资本的成分有什么不同? 社会资本对中国农民合作社的绩效如何? 如何通过公共政策的改进帮助合作社积累社会资本和提升绩效？这些正是本书想要回答的问题。

(三)概念界定

1. 农民合作社

国际合作社联盟(ICA)在 1995 年举行的 100 周年代表大会上对合作社的定义是："合作社是人们自愿联合、通过共同所有和民主管理的企业,是以满足经济、社会和文化需求和愿望的一种自治组织。"尽管合作社在市场上的活动与其他企业没什么不同,但是在所有权、控制权和分配权等机制设置上与投资者所有企业存在区别。合作社是一种使用者所有、使用者控制和使用者受益的组织(Dunn,1988)。各个部门有不同类型的合作社,具体类型取决于社员的身份,如消费者合作社、工人合作社、生产者合作社和信用合作社等。这些合作社具有不同的特征,其中一些是经济利益导向,而另一些则更像协会。本书专注于农民合作社,其社员是对合作社企业拥有所有权、与合作社之间具有交易关系的农民。

2007 年 7 月 1 日,中国开始实施《中华人民共和国农民专业合作社法》(以下简称《合作社法》),经过 10 余年的发展,农民合作社在发展水平、组织类型和治理机制上都有了较大的变化,相应地,法律法规也进行了调整,修订后的《合作社法》于 2018 年 7 月 1 日正式施行,将合作社界定为"在农村家庭承包经营基础上,农产品的生产经营者或者农业生产经营服务的提供者、利用者,自愿联合、民主管理的互助性经济组织"。其他国家对农民合作社的定义也大同小异,如美国农业部将合作社定义为一种使用者所有和民主控制,并基于惠顾进行分配的企业(USDA,2012)。尽管《合作社法》中并未专门对分配方式进行规定,但是在法律其他条款中也明确指出合作社的收益至少 60% 以上应基于交易额(量)进行分配。

学术界对合作社的本质基本达成共识:合作社是一种兼有企业界共同体双重属性的社会经济组织。如 Sexton 和 Iskow (1993)将合作社定为一种由使用者共同拥有和共同控制,并以其社员利益最大化为目标的组织。具体来说,合作社是由使用者所有和使用者管理的商业组织,并按照交易额或交易量将收益分配给所有社员。该定义一方面强调了合作社的商业组织性质,另一方面强调了合作社按交易量或交易额分配利益的原则。Vitaliano (1983)

也指出,合作社是一种"现代的、复杂的合作型企业,其剩余索取权由为其提供产品并与组织有着一系列契约关系的社员所拥有"。黄祖辉(2008b)从治理结构的角度界定合作社,认为合作社与社员的关系既不是完全外包的市场交易关系,又不是完全内化的科层治理关系,而是介于两者之间,是一种科层与市场相结合的产业组织。总之,从不同的理论背景和不同的视角来看,合作社可被视为不同的组织,既可以是新古典经济学框架下的企业或"联盟",也可以是制度经济学理论中的合约集。

2. 社会资本

物质资本、人力资本和社会资本是生产和创造经济效益的三种基础资本(Adler 和 Kwon,2002;Granovetter,2005)。物质资本(包括金融资产)是用于增加未来收入流的物质来源。人力资本主要包括用来解决实际问题的人的知识和技能。社会资本则是对人力资本的合理利用,并用于推动未来的信息流和资金流发展(Ostrom,1994)。社会资本是资本的一种形式,是指为实现工具性或情感性的目的,通过社会网络能够动员的资源或能力的总和。类似的,Portes(1995)将社会资本定义为个体借助于其在社会网络中的身份来调配有限资源的能力。物质资本和人力资本通常由个体所支配,而社会资本虽然利及每个人,却是集体、组织层面的概念(Uphoff 和 Wijayaratna,2000)。Putnam(2000)认为社会资本是所有社会网络的价值体现,以及从这些社会网络中萌生出的为每一个体服务的倾向。有些学者将社会资本定义为相互信任以及人们如何有效地合作(Chloupkova 等,2003)。大量证据表明,相信他人的人更愿意参与到合作社的活动当中(Fukuyama,1995;Putnam,1993;Tyler 和 Kramer,1996)。

关于社会资本的研究始于宏观层面,并在过去的 10 年多逐渐应用于微观层面。社会资本在多个学科中被定义和研究,例如政治经济学、社会学、组织经济学、企业管理学等。从分析的角度来看,社会资本的研究范围从区域和国家层面(Knack 和 Keefer,1997;Malecki,2012;Putnam,1995)到社区和组织层面(Cooke 等,2005;Hayami,2009),包括企业(Arregle 等,2007;Belliveau 等,1996;Cooke 和 Wills,1999;Liang 等,2015a;Nahapiet 和 Ghoshal,1998),甚至是家庭和个人(Pearson 等,2008;Westlund 和 Gawell,2012),其定义在不同领域和分析层面之间差异很大。例如 Putnam(1995)从宏观层面或集体视角将社会资本定义为"网络、规范和社会信任,它们促进了互利的协调与合作"。在组织层面,"社会资本是个人或团体可利用的商誉,它来源于社员的社会关系"(Adler 和 Kwon,2002)。而 Burt(1992)将个人层面的社会资本定义为"朋友、同事和更一般的联系人,通过这些人,你可以获得使用财务和人力资本的机会"。总的来说,社会资本是集体所有,而不是个人拥有的财务或人力资本。

社会资本的衡量较为复杂和棘手,到目前为止,仍无法对社会资本进行直接衡量,因而常常对其构成进行解剖,按照不同维度对其进行区分,以便更易于理解和衡量。Putnam(1993)将社会资本分为网络、规则和信任三方面内容,这是最为流行的衡量方法之一。网络指的是一个组织的社会关系,其测量相对较为容易,往往用该组织与其他组织或正式制度之间关系的数量和质量来测量,因此很多研究将社会资本近似等同于社会网络,并对其进行测量,这是不完全的。规则表明了哪些行为是可接受的,哪些是不可接受的(Lyon,2000)。而信任是当面临不确定、风险和机会主义时对别人的信任(Misztal,1996)。

在组织层面的商业和管理研究中,通常采用两种方法来识别社会资本的维度。Tsai 和 Ghoshal(1998)区分了社会资本的三个维度,即结构型社会资本、关系型和认知型社会资本。结构型社会资本与组织的社交网络或社交互动有关,可用于获得资源或促进交易;关系型社会资本是指嵌入在组织或其成员之间的信任以及可信度;认知型社会资本主要指组织内部成员之间的共同愿景,其有助于促成集体目标和行动。因此,该社会资本维度认为组织社会资本是一种组织内的资源,主要包括两个指标,即成员的集体目标和共同信任程度(Leana 和 Van Buren,1999)。

另外,许多学者将社会资本分为桥梁型社会资本和认知型社会资本,也称为外部和内部社会资本(Uphoff 和 Wijayaratna,2000)。桥梁型社会资本涉及异质群体的外部关系,具有客观性的特点;而认知型社会资本是指群体或组织内成员之间的关系,包括了组织的规范、制度、成员间的合作以及信任,是相对主观性的感受(Adler 和 Kwon,2002)。桥梁型社会资本和认知型社会资本的区别是相对的,而不是固定的。例如,从企业员工的角度来看,企业与市场中其他企业的联系被认为是桥梁型社会资本,而如果将企业所在社区作为分析的单位,则它们被视为认知型社会资本。类似的,Ruben 和 Heras(2012)从四个维度来描述组织的社会资本,即信任、互惠、凝聚力和外部关系。在这些维度中,前三个是指成员在组织内部的社会关系,第四个则是指成员与外部组织的关系网络。

尽管不同研究对于社会资本的定义和衡量的角度存在差异，如内部社会资本、外部社会资本或二者皆有，但是其采纳的衡量指标都大同小异。

（四）本书的创新和不足

本书的创新主要体现在以下两个方面。

第一，本书系统性地对农民合作社的社会资本进行界定，并构建适合中国农民合作社社会资本的指标体系，在内容上能够弥补当前相关研究的不足。由于社会资本在一定程度上是一种主观性的感受，对其衡量存在一定难度，当前国内外文献中鲜有对农民合作社社会资本的完整测量。本书将合作社社会资本从组织内部和外部两个方面进行界定，其中内部社会资本进一步分为结构性社会资本、关系性社会资本和认知性社会资本三个维度。此外，鉴于中国合作社特有的政府干预较强和核心社员占据主导地位等特点，在参考国际上现有社会资本指标体系的同时，充分考虑中国农民合作社的特点，并将这些特点量化到指标体系中，构建适合中国农民合作社社会资本的指标体系。

第二，本书考察了社会资本对合作社多方面绩效的作用，包括经济绩效、社会绩效和质量安全风险控制绩效等，研究思路有一定的创新，研究内容上有显著的特色。关于国家和地区等宏观层面社会资本的研究较为丰富，社会资本和投资者所有企业的研究近10年也得到不少关注，但是社会资本在农民合作社研究中应用还缺乏普遍性。尽管社会资本在合作社中的重要作用在近几年被部分学者提及，但是大多局限于一笔带过或定性分析，鲜有就社会资本对合作社发展和绩效的作用做深入探讨或系统分析的成果。

同时，本书也存在一些不足。首先，社会资本的衡量可能仍存在缺陷。由于社会资本的多个指标通过主观性的感受来测量，这对测量的准确性提出了较高的要求，本书实证研究中所使用的社会资本水平，可能无法完全准确地反映社会资本水平，比如，合作社外部社会资本的水平仅仅由理事长的社会关系和网络来衡量，并没有考虑合作社其他管理者和普通社员的社会关系和网络。其次，鉴于财力和精力的有限，本书各个部分的实证研究中所使用的数据样本量比较有限，这在一定程度上限制了进一步的深入讨论。

二、本书相关文献综述

本章对农民合作社和社会资本相关研究进行系统性梳理,并进行评述,从而为本书的研究提供理论基础。

(一)农民合作社的相关研究

农民合作社是各个国家农业现代化的主要途径之一,有关农民合作社的研究一直是国内外农业经济学家关注的主要领域之一。由于合作社这一组织功能的多样性和组织结构的特殊性,学者对合作社的研究视角和研究方法也丰富多彩,既有在古典或新古典经济学框架的价格—产出均衡视角下对合作社的研究,又有从新制度经济学框架中的契约理论和交易成本理论的研究。

随着经济社会技术环境的变化和合作社组织本身的发展,合作社的治理特征、功能和绩效也随之改变。因此,为了更好地洞悉合作社的发展现状,了解其发展变化,并研判未来的发展趋势,本章对近年来合作社研究的国内外文献进行梳理,总结近年来国内外关于合作社研究的主要内容和变化趋势,拟达到以下两方面研究目的:一是了解近年来关于合作社研究的主要内容和方法,探讨其发展规律和趋势;二是基于最近几年合作社相关研究,分析和研判中国合作社发展的现状和趋势。鉴于国内外关于合作社的研究视角和内容仍然存在一些显著差异,因此对外文文献和中文文献两部分分别进行梳理。

1.农民合作社的相关研究的外文文献

外文文献对合作社的研究主要包括合作社治理模式和生命周期、合作社组织与社员之间关系、合作社功能和绩效、合作社发展的影响因素、合作社可持续发展的研究,这些研究可概括为以下几个方面。

(1)合作社治理机制呈现多样性

合作社的治理机制,包括其治理特征与其质性规定的背离,仍然是近年来学者研究的热点,社员之间的异质性是导致合作社不满足质性规定的一个重要原因。Liang 等(2015)基于浙江省 37 家果蔬合作社实证分析得出,农户在资产、人力资源和社会资源上均存在着差异,合作社内部所有权、决策权和收益权的分配很大程度上向拥有更多资本的农户倾斜。除了社员在资本上的差异,社员在偏好上的差异会增加集体决策的成本(Iliopoulos 和 Valentinov,2017)。Huang 等(2016)提出合作社所处的技术环境和制度环境特点会显著影响合作社治理模式,其中交易属性的影响程度最大。合作社的治理特征在不同的生命周期阶段是存在差异的,也会随着具体的国家和地区的制度环境而变化(Gonzalez,2017;Fonte 和 Cucco,2017)。

合作社中正式制度和非正式制度协调治理的效用得到越来越多学者的认同(万俊毅和曾丽军,2020)。在非正式制度方面,关于社会资本的研究受到学界关注(崔宝玉,2015;李旭和李雪,2019)。尽管关于社会资本的衡量尚未有统一标准,然而对于社会资本有利于合作社绩效的提升则存在共识(Liang 等,2015)。合作社社会资本的积累依赖于信任和良好的沟通(Donovan 等,2017),但是 Feng 等(2016)认为合作社规模的增大对社会资本的积累具有抑制作用,这可能与社员与管理者之间委托代理问题的加剧导致的农户对合作社的信任降低有关(Hakelius 和 Hansson,2016a,2016b)。部分学者发现,正式制度和非正式制度之间存在互补或替代性,社会资本等非正式制度的作用,离不开正式制度的治理(Nilsson 等,2017;Mojo 等,2017;Liang 等,2015)。

(2)合作社社员的交付行为受到多方面因素的影响

合作社社员的交付行为或者"业务承诺"受到较多关注,这些研究大多数探究了发展中国家农户与合作社间惠顾情况或农户销售渠道选择的影响因素。Saitone 等(2018)认为对于风险厌恶和不耐心的小农户来说,合作社存在的支付延迟问题和违约风险严重限制了他们惠顾合作社。Wollni 和 Fischer(2015)提出社员规模、市场进入能力、与合作社联系的密切程度以及对合作社的信任程度也对社员向合作社的交付份额有着正向或负向的影响,同时社员本身的农场规模与其向合作社的交付份额呈 U 形曲线关系。部分学者对社员向合作社惠顾程度减弱,倾向于通过其他渠道出售的现状并不乐观,但

Agbo 等(2015)研究得出社员直接出售给消费者能够促进农民生产。

（3）农民合作社的功能趋于多样化

合作社的增收效应。合作社在提升社员收入方面的作用基本上形成共识(Grashuis 和 Magnier，2018)，其作为减贫脱贫的政策工具也得到重视，这些研究大多聚焦于发展中国家。不同学者对不同规模农户受益程度的研究结论存在差异。一部分学者认为小规模农户加入合作社获益更多(Chagwiza 等，2016；Ma 和 Abdulai，2016；Mojo 等，2017；Hoken 和 Su，2018；Kumar 等，2018)，但小农户可能由于相对较小的入社概率存在参与障碍，导致合作社产生一定排他性(Ma 和 Abdulai，2016；Mojo 等，2017)。还有一些学者认为，农户的农场规模越大，入社所获得的收益越多(Verhofstadt 和 Maertens，2015；Shumeta 和 Haese，2016)。

合作社在农产品质量和食品安全方面的作用。合作社在供应链管理和保障农产品质量安全上的作用得到认可(Kirezieva 等，2016)，如在社员选择销售渠道(Hao 等，2018)、实施认证(Snider 等，2017)、农户采用食品安全措施(Kumar 等，2018)等方面。但也有学者对合作社在产品质量等方面的作用提出质疑，Liang 和 Hendrikse(2016)认为相对于投资者最大化企业，合作社的混合定价原则使得该组织在产品质量的供给上存在天然的弱势。Zhou 等(2015)认为与农业企业和家庭农场相比，合作社进行食品安全控制的水平最低，且规模较大、具有复杂业务功能的合作社，其农场的食品安全管理绩效往往较低(Kirezieva 等，2016)。因此，也有不少学者在积极探寻提升合作社农产品质量的措施，如提高合作社服务的质量(Ji 等，2018)、保持最佳社员规模、加强食品安全认证和对准超市及出口企业等目标市场(Cai 等，2016)、合作社与社员间实行更为等级化的交易模式(Kirezieva 等，2016)、农产品进入市场前进行自检(Zhou 等，2016)等。

合作社在技术采纳和创新等方面的角色。合作社的功能还表现在提高农户的技术效率、促进土地流转和采用环境友好型生产投入等技术采纳上(Liu 等，2017；Ma 等，2018a，2018b)。创新对于合作社取得竞争优势不容忽略，Borgen 和 Aarset(2016)肯定了"参与式创新"在育种合作社中所发挥的作用，通过将社员纳入创新进程和与高校、研究机构形成战略联盟来取得较强的市场竞争地位；技术创新虽然也能够让合作社获得竞争优势，但也使合作社面临着较大的技术创新风险，其主要来源于合作社的内部、技术以及外部环境(Luo 和 Hu,2015)。

值得说明的是,关于农业组织,包括合作社,在农户技术采纳和创新方面的作用被大量研究提及,但是组织和制度因素往往是作为其中一个解释变量,限于篇幅原因,这里不对这一领域的研究进行专门的梳理。

(4)农民合作社发展和绩效的研究视角呈现多学科和交叉学科趋势

不同于十年前大量从制度创新和治理结构理论出发研究合作社形成与发展的影响因素,近几年部分学者对从社会学、文化等交叉学科和更为丰富的视角进行探讨。Baldassarri(2015)通过测量普遍利他主义、集体团结、互惠和制裁威胁四种可能会促进生产者合作的机制发现,建立在沟通基础上的互惠是促进生产者合作最强有力的机制。在农民的合作实践中,民主、团结、自治是三个主要的合作价值观(Forney 和 Häberli,2017)。从农户层面来分析入社决策影响因素的研究较为丰富(Mérel 等,2015;Verhofstadt 和 Maertens,2015;Chagwiza 等,2016;Ma 和 Abdulai,2016;Mojo 等,2017;Kumar 等,2018;Ma 等,2018),其中家庭成员数量、户主的年龄和受教育水平、农场规模、与市场的距离、产品质量等成为主要的影响因素,这些因素或正向或负向地影响农户入社的可能性。

影响合作社绩效的因素主要可分为三类,分别是环境因素(如文化、社会、制度等)、组织特征(如规模、资本、治理结构等)、管理者特征(如受教育水平、从业经历等)。Donovan 等(2017)提出人力资本、社会资本、实物资本和财务资本是影响合作社绩效的关键因素,治理模式也是衡量绩效的一个重要维度。在这些因素中,研究社会资本与不同类别绩效,如财务绩效、社会绩效和经济绩效关系的文章较多。Yu 和 Nilsson(2018)研究认为,内部社会资本、外部社会资本和认知型社会资本均有利于合作社的财务绩效。合作社经济绩效的提升离不开社会资本的积累,且社会资本在完善的收入分配原则下对经济绩效的促进作用更明显(Liang 等,2018)。但 Xu 等(2018)进一步将社会资本细分为纽带社会资本和桥梁社会资本后发现,前者有利于普通社员的经济绩效,后者则有利于合作社的财务和社会绩效,对普通社员收入的提升具有抑制作用。此外,利用合作社开展合约农业(Mishra 等,2018)、按惠顾额进行利益分配(Liang 等,2018)等也能提升合作社的经济绩效。战略属性和人力资本对合作社绩效的影响也受到了较多关注。Benos 等(2016)发现市场或品牌导向的合作社有利于长期提升组织绩效,且聘用专业管理人才参与决策得到了更多支持。但 Deng 和 Hendrikse(2015)提出外聘专业的 CEO 还是起用社员 CEO 应根据合作社上、下游活动的重要性来决定,当下游活动更为重要,且社员主导的董事会对下游活动的负向管理视角较弱时,聘用专业的 CEO 会使得合作社的效率更高。合作社绩效还表现在其生产力增长方面(Martínez-Victoria 等,2016;2018a),受到地理位置和与周围企业间交互作用的影响,欠发达地区合作社的生产力增长更高。Cadot(2015)研究发现,较低的纵向一体化代理成本并不能带来绩效的提升。此外,也有学者如 Mateos-Ronco 和 Guzmán-Asunción(2018)、Martínez-Victoria 等(2018)对合作社内部融资决策的影响因素和其融资行为进行了研究。

(5)农民合作社的可持续发展依赖于理事长领导力、社员参与等核心要素的构建

随着合作社发展趋于成熟,近年来越来越多的学者聚焦于合作社的可持续发展研究,他们从不同方面探讨了实现合作社可持续发展的方式。Boone 和 Özcan(2016)认为合作社的主要劣势在于协调成本高昂,初创阶段较高程度的社员参与会对合作社的协调成本有抑制作用,有利于保持合作社的持久性;Meador 等(2016)提出构建可持续发展小农合作社的关键,是经理具有制定与环境相适应且考虑社员利益的商业战略的能力,以达到确保合作社适应市场和激励社员不断惠顾合作社的双重目的;Meador 等(2016)和 Donovan 等(2017)均指出外部资金支持应当更多地投入到合作社领导力建设、与买家良好关系的建立、改善治理结构等促进合作社可持续发展的核心要素上,而不是一味地进行设备和基础设施等投资。合作社的可持续发展离不开合作社竞争优势的获得。合作社秉承社会责任有利于积攒声誉,从而创造可持续竞争优势(Castilla-Polo 等,2017)。

2.农民合作社的相关研究的中文文献

国内合作社研究的方向主要可分为三类,即合作社内可分为治理、合作社功能和绩效、合作社法律三个方面。

(1)关于农民合作社"真伪"和异化现象的讨论是中国合作社研究的主要特色之一

与国外文献类似,合作社内部治理相关研究主要有关于合作社性质的讨论、正式治理和非正式治理的讨论等。关于中国合作社"真实性"的讨论仍然

是热点问题。中国学者在合作社"真伪"判断的标准上存在分歧，原因是他们在看待合作社问题时的取向不同(刘骏等,2017)，法理或多元功能取向的学者坚持"所有者与惠顾者同一"的本质规定，重视合作社的社会功能，认同在合作社质的规定性不变的基础上进行制度创新(秦愚,2015;秦愚,2017;秦愚和苗彤彤,2017;秦愚,2018)。而实用取向的学者认为评判合作社的"真伪"应当建立中国本土化的评价标准(李琳琳,2017)，或更注重合作社的经济功能。刘西川和徐建奎(2017)将"要素契约与商品契约协同治理，且商品契约对要素契约有反向治理效应"作为评判合作社"真伪"的标准，研究得出中国存在少量真正的合作社。虽然学界对于真正的合作社仍没有统一的界定标准，但不可否认的是合作社异化现象越来越普遍。因此，也有学者开始思考合作社异化存在的合理性，应瑞瑶等(2017)提出中国合作社选择"不规范"是异质性社员在参与约束和激励约束下的理性选择。

关于合作社异化现象产生的原因是多方面的，赵晓峰(2015)对合作社异化产生的原因进行了总结，主要有相对宽松的法律环境、地方政府的逐利性、农户分化导致的社员异质性、普通社员的"搭便车"行为等方面。李云新和王晓璇(2017)认为现有的制度环境为合作社各方参与者提供了不良激励。而制度环境具有不确定性(崔宝玉等,2017a)，随着制度结构、资源结构、市场结构和文化结构的逐步嵌入，制度环境的不确定性在增大，打破合作社异化现状的困难程度也在增大。李云新和王晓璇(2017)提出内外部的监督厌恶是合作社异化现象持续存在的一个重要原因，社员异质性造成了合作社内部监督的缺失(刘雨欣等,2016)。因此，社员的积极参与对合作社规范化治理具有重要作用(冯娟娟和霍学喜,2017)。此外，路径依赖也使得合作社异化现象常态化，多元利益主体之间形成的较为稳定的庇护关系网络促进了路径依赖的形成(赵晓峰和付少平,2015)。邓衡山等(2016)还指出合作社高昂的交易成本和组织成本也是合作社异化的一个重要原因。合作社异化会产生一些后果，如陷入股权融资和债务融资困境(刘冬文,2018)、理事长产生利益输送行为进而影响普通社员风险规避需求的实现(曲承乐和任大鹏,2018)。

国内关于合作社治理也同样认为需要正式治理和非正式治理同时发挥作用。苏昕等(2018)提出合作社是经济网络和社会网络并存的"双网络"治理结构，合作社治理通过正式组织与制度和非正式组织与制度协同发挥作用，从而实现对不同主体的控制与激励。崔宝玉和刘丽珍(2017)认为合作社治理其实是依据不同类型的交易采用适合的治理机制的过程，契约和关系都是合作社交易的重要治理机制。在正式治理方面,通过生产控制权的合理有效化让渡(潘传快和祁春节,2015),差异化对待不同发展程度合作社的退社行为(王鹏等,2015)、完善三次分配的利益分配机制(颜华和冯婷,2015),不断在新利润点的刺激下选择更为优化的合作社盈余分配制度(刘骏等,2018)等多种方式实现。王真(2016)提出社员制度、股权结构、决策方式、盈余分配四个方面的治理机制能够显著影响社员增收。非正式制度治理主要指发挥合作社社会资本的作用(管珊等,2015),余丽燕和 Nilsson(2017)提出合作社丰富的社会资本有助于缓解其内生的资本约束问题。信任是社会资本的一个重要衡量维度,社员信任主要受合作社治理特征的影响(蔡荣等,2015a)。

此外,部分学者探讨了合作社的形成、成长性与发展。陈于(2015)认为有效的村民自治为可能的实现途径,但周应恒和胡凌啸(2016)却认为难度较大,原因在于弱势农户合作的潜在利润较小而实现成本较高。邓宏图等(2017)对案例合作社研究发现,社员的合作行为受到交易成本的影响。关于农户入社决策影响因素的研究已经不多,林乐芬和李伟(2015)、林乐芬和顾庆康(2017)分别聚焦于土地股份合作社,分析了农户入股决策的影响因素。

合作社的成长性与本身的复衡性和绩效有关(季晨等,2017),同时也会受到其主要的利益相关者的影响,包括合作社社员、领办人、客户和供应商、政府四类(李旭,2015)。郑军南(2017)、张琛和孔祥智(2018)分别采用“社会嵌入—治理结构—行为绩效”和“变异—演化—发展”的理论分析框架对合作社的发展过程进行了剖析,肯定了内外部环境作用是合作社实现发展的起点。同时,合作社中的关键群体(赵晓峰,2018a)和创新扩散(欧阳煌和李思,2016)对合作社发展具有促进作用,其中创新扩散通过正向影响制度网络来促进合作社的发展。尤游(2018)认为在资本深化背景下,未来合作社的发展模式将趋于生产合作型、资本收益型和区域融合型合作组织三种。

(2)农民合作社的功能和绩效相关研究视角更为丰富

农民合作社的功能主要可概括为提供服务、促进增收、质量安全等方面。为社员提供社会化服务是中国合作社最为主要的功能之一,也是小农户进入现代农业最主要的方式之一。农民合作社能够提供的服务可总结为生产性服务、经营性服务和金融性服务(徐旭初和吴彬,2018)。狭义的生产性服务聚焦于农产品的生产环节,如农资统购(朱哲毅等,2016)、农业机械设备的租赁、技术推广(郑适等,2018)。张社梅等(2016)分析了农业科技机构与合作社技术对接的程度及影响因素。经营性服务主要指合作社提供农产品销售服务,促进农产品流通。田野(2016)对影响流通服务供给行为的因素进行了分析,徐志刚等(2017)指出现实中仅有少部分合作社提供统一销售的服务。"农超对接"是经营性服务实现的重要方式之一,合作社参与"农超对接"的满意度总体较高(张明月等,2017)。合作社向农户提供金融性服务的方式除了成立专门的资金互助社之外,合作社内部开展信用合作也得到更多的尝试(陈东平等,2017;聂左玲和汪崇金,2017;李明贤和周蓉,2018)。总体来说,合作社服务功能的发挥离不开合作社的自生能力和政府的外部支持两个关键因素(王图展,2017)。

合作社的经济性功能主要表现在其规模经济优势和促进农户增收方面。该功能是农户在进行入社决策时所考虑的一个重要因素,且重要性在逐步增强(万江红和耿玉芳,2015)。合作社帮助农户增收的途径具有多样性,如合作社经营单一品种(李世杰等,2016)、与龙头企业联盟(郭斐然和孔凡丕,2018)等。杨丹和刘自敏(2017)对农户增收的差异进行了分析,发现农户与合作社的关系越紧密,农户的增收效应越明显,农户收益还与合作社的纵向协作程度有关(钟真等,2017)。然而,肖琴等(2015)指出由于财政扶持资金的瞄准偏差和目标置换,农民专业合作社帮助农户增收的作用受到较大程度抑制。此外,中国合作社的社员承诺水平总体较低,制约了规模经济优势的发挥(蔡荣等,2015b)。同时,合作社具有"益贫性"的特征(刘俊文,2017;杨丹和刘自敏,2017),是精准扶贫和精准脱贫的理想载体(赵晓峰和邢成举,2016)。但朋文欢和傅琳琳(2018)指出对合作社的减贫效果不宜过于乐观,合作社对贫困农户的吸纳意愿较弱,抑制了该作用的发挥。

合作社在农产品质量安全控制方面的作用得到肯定。钟真等(2016)发现合作社的人际信任和制度信任有助于农产品质量安全控制,但两者的影响程度不同。此外,合作社的社会和环境功能也逐渐受到学者们的关注,如参与合作社可以提升农户幸福感(刘同山,2017),构建区域农业生态创新体系支持合作社的生态化建设(胡平波,2018)等。

关于农民合作社绩效和效率的研究较为丰富。崔宝玉等(2017b)将合作社绩效分为经济绩效、社员收入绩效、交易绩效和社会绩效四种,其中前两种绩效对合作社的综合绩效影响最大。戈锦文等(2016)则关注合作社的创新绩效。关于经济绩效的研究有很多,王图展(2016)得出具有议价权优势和较强自生能力的合作社对社员的经济绩效有提升作用,其中较强的自生能力来源于合作社激励相容的制度安排,如相对集中的股权结构、开放的社员资格、聘用外部管理人员等,分配制度对社员经济绩效的提升作用不显著。但周振和孔祥智(2015)提出有效的盈余分配方式有助于提升合作社的经营绩效,表现为赋予所有做出贡献的生产要素合理的激励。效率往往作为合作社绩效的一个衡量指标,"资源利用能力"和"资源探索能力"的建设能够有效提升合作社的治理效益(席莹和吴春梅,2017)。但整体来看,中国合作社的效率相对偏低,一些学者对该现象的原因进行了分析,主要有合作社的代际问题(杨勇和包菊芬,2015)、纯技术效率低下(崔宝玉等,2016;杨丹等,2015)等。黄祖辉和朋文欢(2016)从农户效率角度出发,实证分析得出合作社服务功能的弱化使得农户加入合作社对其生产技术效率的提升作用并不显著。合作社绩效的研究还聚焦于社员满意度及影响因素(张连刚和柳娥,2015;蔡荣和易小兰,2017)、人力资本提升合作社绩效(季晨等,2017;戈锦文等,2015)、绩效评价及影响因素(林乐芬和顾庆康,2017)等方面。

(3)农民合作社法律问题的研究同样是中国合作社发展阶段的主要特色之一

近年来,国内文献中关于合作社的法律问题主要聚焦于对《合作社法》修订的讨论。从修订的原则来说,坚持合作社的本质规定得到一致认同;从修订内容的可能变化来说,有增加社员权的诉权保护(刘观来,2016),明确规定农村大户的法律地位并合理化安排其社员权利(孟飞,2016),物质支持转变成加强制度建构(邓衡山和徐志刚,2016),完善农民专业合作社法人财产权制度(管洪彦和孔祥智,2017),增设联合社规则、合作社内部信用合作特别规则和设立土地股份合作社(高海,2017;2018)等观点。然而修订后的《合作社法》仍然存在一些问题,高海(2018)和赵新龙(2018)对此进行了分析,其表现在社员与非社员出资、土地经营权和林权出资、决议效力规则方面。此外,中国除了《合作社法》对合作社提供保护,《中华人民共和国宪法》(以下简称《宪法》)中也对合作社做出了规定。刘观来(2017)指出目前《宪法》一定程度上混淆了合作社和集体经济组织,对合作社的规定不够明确,未来《宪法》的修订应针对合作社做出单独且具有保护性的规定。

(4)农民合作社在乡村振兴战略中的应用

自党的十九大提出乡村振兴战略以来,农民合作社在乡村振兴中的作用受到重视。赵晓峰(2018b)指出,合作社是组织小农户参与乡村振兴的有效载体,徐旭初(2017)和孔祥智(2018)则从总览的角度分析了发展农民合作社与实现乡村振兴战略目标的高度一致性,肯定了其所发挥的领头作用。另外,多位学者提出了农民合作社可通过精准扶贫(卢学英等,2018)、推动标准化生产(周洁红和黄好,2018)、提升农产品质量(张益丰,2018)等推动乡村振兴。

不少学者就如何更好地发挥合作社在乡村振兴中的作用的问题进行了讨论,具体的实现路径主要有完善合作社内部治理结构、合作社产业发展与生态保护有机结合、合作社领办主体灵活化、注重合作社与农村社区的联系和弘扬农村传统文化等方面(高强,2018;孔祥智,2018;刘同山,2018;任大鹏,2018;徐旭初,2017)。此外,赵晓峰(2018b)提到通过培养职业农民、提供多样化的合作社服务可提升合作社的组织作用。

3.农民合作社的相关研究评述

国内外文献中关于合作社研究主要呈现出以下两个方面的特点。其一,从内容上来看,关于合作社内部治理的研究有所减少;合作社在食品安全等供应链中的作用和减少贫困等公共功能上的作用,受到了更多的关注。随着合作社发展阶段的变化,西方国家合作社更为关注合作社治理变化所带来的组织成本和社员忠诚度等问题。此外,相对于之前关于合作社在进入市场、提高议价能力、规模效应和增加收入等经济性功能为主的研究,近几年来合作社在产品质量和安全以及减少贫困等公共服务功能上的相关研究在国内外文献中均明显增加,这与合作社这一特殊的兼具经济性和社会性双重功能的组织特点相关。

其二,总体来说,国内外合作社相关研究的主题和方法进一步趋同,但仍存在差异性。在研究内容上,国内外研究均关注合作社的治理、功能和绩效等方面;在研究方法上,国内外文献差别不大,主要采用了计量模型估计、案例研究和理论模型分析的方法,其中以前两种实证研究为主。

然而,具体研究内容的差异性仍然存在。以合作社治理为例,国外文献关于合作社治理的研究更多是关于随着合作社生命周期的发展而呈现的治理结构变化和创新,以及合作社这一组织模式的可持续发展问题;国内文献关于合作社治理的研究在合作社的"真实性"和异化的原因方面讨论较多,关于合作社立法和修法的探讨也是国内文献所特有的研究内容。这种差异主要源于不同制度和经济背景以及合作社发展程度差异等导致的研究问题的差异性,将会随着时间的推进不断缩小。表现之一是中国对于西方合作社经验分析的研究明显减少,近年来少量的相关研究主要以张滢(2016)和周娟(2017)分别对丹麦和韩国的合作社经验分析文章为典型,笔者认为可能的原因在于中国合作社发展的成熟化、合作社研究与国际的接轨程度逐步提高,且不断探索适合中国本土环境的合作社发展经验,对国外合作社经验的关注有所减少。

尽管国内外合作社在发展程度和治理结构上的差异导致其研究和讨论的重点有所差异,但是国内外合作社在实践功能上并不存在实质性区别,都逐渐从合作社的增收效应延伸到合作社在供应链、技术采纳和创新、产品质量和安全、减少贫困等多方面的作用。

(二)合作社社会资本的内涵和构成

鉴于社会资本的复杂性,学者们往往将社会资本分解成不同的维度进行界定和讨论,本节对合作社社会资本的不同构成和维度分别进行界定。通常认为,社会资本是基于人际和社会关系的资产(Coleman,1990;Adler 和 Kwon,2002),而合作社则被视为一种“基于社会资本的组织”(Valentinov,2004)或兼具经济和社会功能的“双重组织”(Nilsson 和 Hendrikse,2011)。可以说,社会资本在解释合作社与投资者所有企业之间的差异方面可能具有重要的意义。这是由于合作社具有民主控制和以人为本的特征,这是区分合作社与资本主义导向组织的重要基础(Valentinov,2004)。因此,社会资本可能是合作社的主要比较优势(Rokholt,1999;Spear,2000)。此外,与其他企业形式相比,合作社具有更好的社会资本培育能力(Sabatini,2014)。

组织层面的社会资本可以分为内部和外部社会资本(Adler 和 Kwon,2002;Leana 和 Pil,2006)。外部社会资本描述了组织与外部主体或利益相关者之间的社会联系,在研究中往往用高层管理者所拥有的社会关系来表示(Leana 和 Pil,2006)。内部社会资本描述了组织成员之间社会关系的总体形式和价值。Tsai 和 Ghoshal(1998)提出了内部社会资本的三个维度,即结构型社会资本、认知型社会资本和关系型社会资本,三者分别指社会互动、信任和对集体目标的共同理解。以下分别对内部社会资本的三个维度进行分析。

1.结构型社会资本

结构型社会资本反映了组织成员之间社会关系的整体形式,该维度中最重要的方面是网络联系、网络结构和网络专有性(Nahapiet 和 Ghoshal,1998)。网络联系描述了组织中人们之间的社会联系,是社会资本最基本的维度,因为一个参与者的社会关系网络为社会资本交易创造了机会(Adler 和 Kwon,2002;Inkpen 和 Tsang,2005)。合作社是以人为本的组织,一群农民自愿组成合作社,以实现他们的集体目标和利益,其成员之间具有很多社会联系(Nilsson 等,2012)。合作社中社员身份的异质性(如同时包含生产者和加工商)和合作社的社区嵌入性都使得社员之间需要相互了解并形成社会关系(Cropp 和 Ingalsbe,1989;Nilsson 等,2012)。因此,在合作社社员之间存在一个社交网络。

社交网络的结构指的是网络成员之间的联系方式,例如网络层级和关系密度等(Nahapiet 和 Ghoshal,1998)。合作社中的社交网络包含横向网络和纵向网络,横向网络主要指合作社社员之间的社会关系和互动,纵向网络则是社员与加工商、社员与管理者之间的社会联系。在合作社中,董事会是从社员中选出的,合作社的理事长和管理者往往也是社员。因此,合作社社员与管理者之间往往具有私人关系,并开展定期和频繁交流(Hendrikse 和 Feng 2013)。这进一步促使合作社内部社员和不同主体之间社会关系变得紧密。

据 Bolino 等(2002)的研究,网络专用性与在网络中转移各种关系的难易程度有关。它衡量了将某种环境中发展的关系在其他环境中或当环境改变时可以复制或维持的难易程度(Nahapiet 和 Ghoshal,1998;Pearson 等,2008)。每个合作社都可以同时被看作一个社会团体和一个联合企业(Valentinov,2004)。由于该联合企业主要由同类成员所拥有和运营,因此社区成员之间建立的社会关系可以被转移到联合企业及其业务中,这意味着合作社中社员的经济活动也高度嵌入在其社交网络中。

因此,合作社的结构性社会资本可以通过社会纽带的强度、社会网络的密度以及社员之间的交流频率来衡量。Gargiulo 和 Benassi(2000)梳理了关于社会网络的已有研究,认为网络可以帮助行为人形成相互依赖的关系以便于重要任务的执行,并克服合作与集体行动的困境。社会网络能够为信息共享和交流创造平台(Gulati,1995;Walker 等,1997;Sparrowe 等,2001),因此,社员和合作社都能从较高的结构型社会资本水平中获益。对于单个社员而言,与同类生产者的紧密关系可能会形成溢出效应,进而促进效率和生产率的提高(Levin 和 Reiss,1998)。对于合作社而言,社员与管理者之间的紧密社会关系能够创造出良好的垂直信息流,从而极大地有利于集体活动的开展(Hendrikse 和 Feng,2013)。

2.认知型社会资市

认知型社会资本反映了成员对组织文化、共同愿景和宗旨、共同语言和守则等的集体认知(Nahapiet 和 Ghoshal,1998)。传统合作社的意识形态和价值观承载着合作社的文化、愿景和宗旨,它们为促进社员相互理解提供了一个很好的基础。当农民通过集体行动建立合作社时,他们就合作社应该做什么以及如何做成达成一致,他们也了解在合作社中该采取什么样的行动方式。合作社原则,如罗虚代尔原则,就这些问题的意识形态元素做出了清晰的规定(Nilsson 等,2012)。总的来说,合作社中价值观、规范和信念的认知基础强调了为社员提供利润以外的服务、使个人目标服从整体利益、重视平等等(Hogeland,2004)。例如,在瑞典,年长的农民将合作社社员关系视为一种表示与同伴团结的方式,经济方面的目的反而是次要的(Hakelius,1999)。

同时,合作社也在社员之间建立共同语言或一套守则。社员之间往往有相似的地域来源和产品,这意味着社员遇到的生产和营销问题类似,从而大大减少分歧(Hendrikse 和 Feng,2013)。此外,合作社社员之间频繁的社交互动以及会员与加工商之间的重复交易也促进了合作社中共享系统的发展(Tsai 和 Ghoshal,1998;Wu,2008)。

合作社的认知型社会资本可以通过社员共同愿景和目标来衡量。较高水平的认知型社会资本具有多方面的益处,首先,它能够促进社员的集体行动,使得有共同愿景的人们更愿意开展合作(Tsai 和 Ghoshal,1998)。此外,Leana 和 Pil(2006)提出社区中的共同目标可以减少搭便车现象并减少对正式控制机制的依赖。其次,认知型社会资本通过促进成员之间的有效沟通和共识来促进合作。Inkpen 和 Tsang(2005)认为,当社会网络中存在一种共同的愿景时,成员之间对于互动的方式也会具有相似的看法。也就是说,共同的愿景使成员能够进行更有效的沟通,避免在沟通中造成误会(Tsai 和 Ghoshal,1998)。合作社中更好的沟通可以提高社员之间的相互了解程度,并帮助他们预测其他社员的行动(Hendrikse 和 Feng,2013)。因此,这将帮助合作社有效地协调业务活动并适应不断变化的环境。

3.关系型社会资本

关系型社会资本由"信任、共同规范、可感知的义务和相互认同感"组成，其中信任是关系型社会资本的核心要素(Nahapiet 和 Ghoshal,1998)。Bolino 等(2002)总结了先前的研究(Putnam,1993;Tsai 和 Ghoshal,1998)，发现信任促进了社会和资源的交换，促进了交流，并增进了个人之间的合作。当个人彼此信任时,他们更有可能合作并参与集体行动(Gulati,1995)。现有文献对信任在合作社中的价值进行了广泛的研究。合作社比投资者所有企业拥有更高的组织信任度,其组织信任存在于社员之间以及社员与管理者之间(Shaffer,1987;Balbach,1998;Shapira,1999;Sykuta 和 Cook,2001;James Jr. 和 Sykuta,2005)。对合作社的信任使社员愿意加入合作社和忠于合作社,并积极参与合作社治理(Borgen,2001;James 和 Sykuta,2005;James Jr. 和 Sykuta,2006;Österberg 和 Nilsson,2009;Barraud-Didier 等,2012)。社员对合作社的信任也使他们愿意接受合作社的控制(Søgaard,1994),并更有效地促进社员与下游加工商或买家之间形成的销售合同(Balbach,1998)。Ollila 等(2011)认为,社员与合作社之间的相互信任还能够帮助双方渡过财务困难时期。

规范代表着关于正确行为方式的某种程度的社会共识(Nahapiet 和 Ghoshal,1998)。根据 Coleman(1990)的观点,当行为的控制权不是由参与者而是由他人持有时,规范就会存在。身处于一个社交网络复杂、意识形态相同的社会,合作社应该致力于强调合作、互惠和忠诚的社会规范。在合作社中,社员愿意遵守这些规范,进而接受高度的社会控制(Nilsson 等,2012)。由于受到社会制裁和声誉影响的威胁,机会主义行为的成本较高,社会控制正是通过该方式遏制搭便车现象(Granovetter,1985;Gulati 等,2000)。因此,在共同规范意识较强的社会网络中,通过正式治理来控制行为的需求可以适当减少(Adler 和 Kwon,2002)。

根据 Nahapiet 和 Ghoshal(1998)的说法,义务代表着将来从事某些活动的承诺或责任。社员对集体行动的义务对于合作社来说至关重要,因为合作社的生存和成功在很大程度上取决于出资人和社员的义务履行(Fulton 和 Adamowicz,1993)。当社员对彼此以及对合作社抱有强烈的责任感时,他们将通过积极向合作社提供产品、提供风险资本并参与合作社治理来实现义务(Österberg 和 Nilsson,2009)。

最后,认同被定义为个人将自己与另一个人或另一群人归为一类的过程,即社员对合作社的归属感(Nahapiet 和 Ghoshal,1998)。群体认同有利于信息交流与合作,也可能成为一种社会驱动力(Akerlof 和 Kranton,2005)。在合作社中,社员目标一致和较长的交往历史都可以激发他们的认同感。Gray 和 Kraenzle(1998)强调了社员对其合作社的强烈认同的重要性。可以说,社员对合作社的认同是重要的信任建立机制和社员义务的来源(Borgen,2001;Jussila 等,2012)。

关系型社会资本可以通过成员之间和成员及管理者之间信任的程度、社区中社会规范的强度以及成员对合作社的忠诚度来衡量。通常,相较于投资者所有企业,关系型社会资本是创造合作社比较优势的关键资源。成功的合作社往往拥有高水平的关系型社会资本,这有助于社员的合作行为和集体行动。此外,有证据表明,如果没有足够的关系型社会资本(如信任、承诺和忠诚度)来支持社员的集体行动,合作社就几乎没有存在的意义(Nilsson 和 Hendrikse,2011)。

4. 内部社会资本不同维度之间的关系

正如 Nahapiet 和 Ghoshal(1998)所指出的,尽管学者们往往分别分析和讨论合作社社会资本的各个维度,但其实它们是紧密相关的。上述三个维度本质上是互补的,每个维度的社会资本水平提高都可以增强其他维度社会资本的水平。

第一,结构型社会资本是其他维度社会资本的重要来源(Tsai 和 Ghoshal,1998)。先前的研究表明,社会关系和互动促进了个人之间的信任(Gulati,1995;Granovetter,1985;Arregle 等,2007),密集的社交网络有利于促进和维持规范并使其更易于实施(Granovetter,2005)。此外,组织成员的社会关系和互动促进共同愿景的形成(Tsai 和 Ghoshal,1998)。如果成员之间的关系紧密,他们就会很容易获得共同的价值观和对任务的理解(Podolny 和 Baron,1997),社会网络的排他性也可以促进关系型和认知型社会资本的高水平发展(Nahapiet 和 Ghoshal,1998)。

第二,共同的价值观和共同的愿景是认知型社会资本的主要体现,能够促进信任关系的建立(Tsai 和 Ghoshal,1998)。Pearson 等(2008)也认为,认知型社会资本是关系型社会资本的前提,共同愿景能够促进成员之间信任和规范的发展。同时,认知型社会资本还能够支持结构型社会资本的发展,因为拥有相同的思维模式、语言和价值观的人们更可能相互交流并定期交换信息(Mohammed 和 Dumville,2001;Leana 和 Pil,2006)。

第三,关系型社会资本能够促进和加强其他维度社会资本的产生。正如 Nahapiet 和 Ghoshal(1998)所说,通过与他人的社会互动,信任创造了共同价值,从而激励参与者加深关系并寻求互动。此外,信任关系可以传递更多、更丰富和更有价值的信息(Leana 和 Pil,2006)。

(三)合作社社会资本的相关研究

社会资本的研究已经有 30 多年的历史,人们普遍认为,社会资本可以促进合作与协作(Adler 和 Kwon,2002)。研究人员已经对社会资本进行了多层次的分析,以确定其与个人的关系(Seibert 等,2001)、组织绩效(Leana 和 Pil,2006)以及集体绩效(Fukuyama,2001)。因此,关于社会资本的功能的研究非常丰富,分别从社会资本对国家和区域宏观层面、组织中观层面、个人微观层面的作用进行阐述。从宏观层面上看,社会资本能够提高政治和经济绩效,包括改善就业市场、减少贫困、教育、医疗、促进民众的政治参与度、促进政策实行的有效性等(Putnam,1993;Putnam,1995;Chloupkova 等,2003)。

社会资本对组织绩效的正向影响被很多学者所提及和证实(Nahapiet 和 Ghoshal,1998;Bolino 等,2002)。组织层面社会资本的研究主要以投资者所有企业为对象,关注社会资本对信息流通和机会主义、产品创新、人力资本、合作关系的形成、风险、投资决策和组织绩效等的影响(Coleman,1988;Tsai 和 Ghoshal,1998;Nahapiet 和 Ghoshal,1998;Cooke 等,2005;潘越等,2009;姜翰等,2009;耿新和张体勤,2010;吴宝等,2011)。

关于社会资本的研究还从个人层面展开讨论,如关于农民工社会资本对其留城意愿、城市生活融入、子女教育、收入等方面的影响(刘传江和周玲,2004;叶静怡和周晔馨,2010;王春超和周先波,2013;赵光勇和陈邓海,2014;张广胜和柳延恒,2014),大学生社会资本对其就业的影响(黄敬宝,2012),社会资本对农户借贷行为的影响等(童馨乐等,2011)。

作为一种基于社会资本的治理结构,近年来对农民合作社社会资本的研究日益增多,但仍比较有限。Valentinov(2004)和 Chloupkova 等(2003)是将社会资本理论应用到合作社中进行探讨的首批学者,Valentinov(2004)提出合作社是一种特殊的、基于社会资本的组织,Chloupkova 等(2003)将合作社视为社会资本的代理人,社会资本在合作社中所扮演的角色正如同物质资本在投资者所有企业中所扮演的角色或人力资本对于个人的作用。由于合作社的社会性特征,即其社区嵌入性、民主控制和集体性收益权结构,社会资本对于合作社的成功尤为重要(Nilsson等,2012)。

近20年来,许多农民合作社从民主性组织向资本导向型或经济导向型组织转变,社会资本的减少被视为造成该转变的主要原因之一,同时也是该转变的结果(Nilsson等,2012),合作社社会资本流失主要有三个方面的原因:第一,合作社规模的日益扩大导致了内部社员间、社员与管理者之间关系的疏远;第二,合作社管理者的权利趋于扩张和独立,社员和管理者之间的关系成为纯粹委托与代理的关系,而不是以往的以信任为纽带连接的关系;第三,合作社将更多的关注点放在了市场收益和组织效率上,因而社区的嵌入性和对当地农户的带动会相对减弱。

关于合作社社会资本的实证研究并不多见,外文文献主要有Nilsson等(2012),Ruben和Heras(2012)以及Liang(2015a)等人的研究。Nilsson等(2012)认为农民合作社由于其经济导向的增强而正在失去社会资本。基于来自不同部门和国家/地区的一些经验研究发现社会资本对合作社经济绩效具有积极影响,如Ruben和Heras(2012)基于埃塞俄比亚咖啡合作社的经验证据证实了社会资本的作用。Liang等(2015a)则基于中国合作社的样本,考察了不同维度社会资本对合作社经济绩效的影响。

关于农民合作社社会资本的国内文献也在近几年开始零星出现,社会资本对中国当前合作社法律法规不健全的现状具有尤为重要的补充作用(罗倩文和王钊,2009)。关于农民合作社社会资本的分析主要包括以案例研究或定性研究方法分析社会资本对于农民合作社的作用(赵泉民和李怡,2007;赵凌云,2008;赵凌云和王永龙,2008;黄岩和陈泽华,2011)和关于社会资本对社员满意度和绩效影响的定量和实证分析(鞠立瑜等,2012;梁巧等,2014;廖媛红,2012)。

(四)评　述

第一,关于社会资本的研究具有多层面性和多维度性。总体来说,对于国家和地区等宏观层面的社会资本研究起源较早,研究也相对丰富,社会资本和一般企业(投资者所有企业)的研究近10年也得到很多关注,此外还有少量个人层面的研究，不同层面和维度的研究对于社会资本的测评和探讨存在较大差异。值得一提的是，关于组织社会资本的定义和度量不够准确，部分研究将其等同于社会网络，忽略了组织内部的社会资本，这是由于社会网络的测量相对较为容易（往往用该组织与其他组织或正式制度之间关系的数量和质量来测量）。

第二，关于农民合作社社会资本的研究中，社会资本的重要作用在近几年来被部分学者提及，但是大多局限于一笔带过或定性分析。一方面，因社会资本测量的复杂性而尚未对其进行完整和系统的测评，往往只关注社会资本的部分内容，并未对完整的社会资本体系进行讨论。另一方面，鲜有研究就社会资本对于合作社发展和绩效的作用做深入的探讨或系统的分析，尽管少数研究就社会资本对合作社绩效的影响进行了实证分析，但是他们往往只考虑合作社单方面的经济绩效，忽略了其作为民主性组织的非经济绩效。此外，关于社会资本和合作社绩效的内在联系的讨论也不够充分。

三、社会资本与农民合作社生命周期

组织层面的社会资本可以分为内部社会资本和外部社会资本(Adler 和 Kwon,2002;Leana 和 Pil,2006)。内部社会资本描述了组织成员之间社会关系的总体形式和价值(Coleman,1990;Putnam,1993),外部社会资本则指的是组织与其他组织之间的社会联系(Burt,1992;Uzzi,1996)。本章关注合作社的内部社会资本,换句话说,将合作社视为一个社区,并研究其社员之间关系的结构和内容(Adler 和 Kwon,2002)。因此,本章"社会资本"一词特指合作社的内部社会资本。

本章分析了合作社社会资本的演化特点,即合作社中社会资本如何随着合作社生命周期而演变,旨在突出合作社中社会资本的动态变化,此外,也试图从社会资本的角度解释合作社的形成、壮大、衰落和变革,及其与合作社治理机制之间的协调性,从而揭示社会资本与合作社生命周期之间的理论联系。

本章的主要内容和贡献可概括为三个方面。

第一,分析了合作社中社会资本产生的收益,具体来说,通过回顾有关合作社社会资本相关研究,分析社会资本的每个维度为合作社带来的比较优势。有大量文献界定了社会资本的内容,即结构型社会资本、认知型社会资本、关系型社会资本,以及它们在社会社区和一般企业中的相互作用(Tsai 和 Ghoshal,1998;Leana 和 Pil,2006)。此外,也有不少学者强调了合作社社会资本的重要性,并试图将其与合作社的发展和绩效联系起来(Valentinov,2004;Nilsson 等,2012;Liang 等,2015)。然而,由于社会资本概念的多维性,以前的研究通常集中于社会资本的特定方面或组成部分,缺乏对合作社社会资本的系统性分析。因此,本章基于 Nahapiet 和 Ghoshal (1998)关于社会资本的三个维度,即结构型、认知型和关系型,界定合作社的社会资本,提出这些社会资本维度所构成的合作社社会属性须与合作社的经济属性保持一致。

第二,将与合作社社会资本有关的各种观点和经验事实与合作社生命周期理论相结合,分析合作社生命周期不同阶段的社会资本特点和水平,具体来说,首次构建了用以分析农民合作社内部社会资本各个维度的内容和可能作用的理论框架。尽管社会资本是合作社的重要资产,但合作社的社会资本水平并不是一成不变的,合作社的发展壮大将改变社会资本维护和发展的环境,从而改变社会资本水平。一些研究人员将一些大型合作社的失败归因于组织中社会资本的衰落,认为随着合作社的组织规模和复杂性的增加,合作社中社会资本会逐渐流失(Feng 等,2016;Nilsson 等,2012)。但是,上述研究只关注一个维度的社会资本,即信任,尚未有对合作社整个生命周期中社会资本的变化进行的全面分析。此外,社会资本的作用在不同的制度背景下也有所不同(Kraft 和 Brasch,2018)。基于 Cook(1995)的合作社生命周期模型,本章描述了社会资本随合作社生命周期的变化及其对合作社绩效的潜在影响,分析发现,合作社的社会资本水平可能会随着合作社的生命周期而降低,社会资本水平的下降导致合作社的社会和经济属性失衡,从而导致合作社的治理可能会变得低效,因此,合作社需要进行治理结构的变革。

　　第三,分析了社会资本在合作社各个生命周期发展阶段的重要性,便于合作社管理者对合作社中的社会资本有更好的了解,提出在合作社发展过程中,需要战略性地维持和恢复合作社社会资本,否则,合作社相对于投资者所有企业的比较优势可能会消失。因为,尽管对社会资本的各个方面进行投资可能都能获益,但建立和维护社会资本的成本很高(Mors,2010;Kraft 和 Brasch,2018),管理者必须了解合作社正在经历的特定阶段以及该阶段的社会资本特征,从而针对社会资本的特点和特定维度来提高合作效率。基于此,本章讨论了社会资本对于合作社管理实践的影响,并为维持和提高大型和现代合作社的社会资本提出政策建议。

(一)合作社社会资本的发展和演变

　　组织生命周期描述了组织的发展及其从一个阶段过渡到下一阶段的各种变化(Jawahar 和 McLaughlin,2001;Lester 等,2003)。Cook(1995)提出了合作社的五个阶段生命周期模型:第一,经济合理性的获取和合作社的建立;第二,初始生存阶段;第三,成长和巩固阶段,在该阶段产权界定模糊的问题可能会凸显出来;第四,努力解决产权界定模糊的问题;第五,退出、重组(包括选择混合模式并增加外部所有者的参与)或转换(选择个体化的合作模式,包括可交易的交付权)。

社会资本与组织的发展阶段紧密相关(Nahapiet 和 Ghoshal,1998)。在生命周期的不同阶段,合作社应具有不同水平和特征的社会资本。在生命周期的早期阶段,合作社可能拥有很高的社会资本,这与传统的合作社治理结构体系较为一致。然而,随着合作社的发展,社会资本水平呈下降趋势(Nilsson 等,2012)。本部分分析了合作社组织各方面的变化及其对社会资本的影响和影响方式。在生命周期的后期,合作社中社会资本水平较低,其与集体治理结构所应具有的经济属性失去了协调性,社会资本和治理结构的这种不平衡导致合作社产生集体财产问题,并丧失了组织竞争力,本部分将使用一些案例来说明合作社如何应对社会资本和经济属性的失衡。

1.经济合理性的获取和合作社的建立

虽然解决市场失灵和提高价格等经济性原因为农民成立合作社提供了各种经济动机,但潜在成员之间较高水平的社会资本使得集体行动成为可能。由于大多数合作社成立之初规模很小,合作社的初始社员主要由本地的农民组成,他们本身可能就是相互认识和具有联系的,并且彼此之间非常了解(Liang 和 Hendrikse,2013a)。因此,社员之间有着牢固的社会联系,这形成了合作社高水平的结构型社会资本(Nilsson 等,2012)。

在相对较小且紧密的社交网络中,频繁的互动、共同的利益和相似的背景都促进了社区内共同愿景的发展。在关系网络中,有效的沟通有利于合作社建立明确的目标。因此,社会关系和共同愿景为潜在成员初步形成联盟和稳定的成员资格提供了条件。关于英国的一家有机蔬菜合作社的案例研究强调,对组织文化和宗旨的集体理解是建立该合作社的重要条件之一(Liang 等,2018)。

合作社的成立往往还需要较高水平的关系型社会资本。先前存在的社会关系使得合作社的潜在社员之间具有天然的可信度和可靠性。当社员集中资源来建立合作社时,他们会相互依赖,且必须确信没有人会违背作为商业伙伴的承诺。因此,决定在合作社中投入时间和金钱之前,农户之间的信任至关重要。Nilsson 和 Hendrikse(2011)对 Macedonia 合作社社员资格的实证研究表明,尽管农民需要合作社来纠正市场失灵,但若农民之间的信任度较低,则他们无法主动采取任何措施来成立合作社。实际上,即使政府部门以自上而下的方式建立合作社(例如俄罗斯的合作社和部分中国合作社),但如果社员之间的信任度较低,这些合作社也难以存活(Nilsson 和Hendrikse,2011)。

因此,高水平的社会资本是合作社成立的必要条件,在初始阶段,合作社中的社会资本水平很高,这源自社员之间的非正式社会互动而建立的人际关系,此时社员之间以及社员与管理层之间的信任度较高,社员对合作社的忠诚度和承诺度也较高。

2.初始生存阶段

在生命周期的第二阶段,合作社的主要目标是应对市场失灵并为社员提供比投资者所有企业更高的收益,在这个阶段生存的关键是实现收益大于成本(Cook,1995)。因此,社会资本应通过促进合作、提高协调和运营效率来支持合作社的这些业务目标。合作社中的社会关系和互动加强了结构型社会资本的发展,进而促进了生产技术和知识在社员之间的传播(Peterson和 Anderson,1996)。

认知型社会资本通过促进共同的语言和价值观,从而提高沟通效率来支持社员的集体行动。如果社员之间相互理解并有共同的目标,则很容易达成决策共识,合作社中的集体决策的成本也会很低。

关系型社会资本极大地使合作社受益。根据 Borgen(2001)的研究,合作社的协调和控制无法完全通过价格或权力机制来实现,成功的合作社须有能力利用关系型社会资本(如较高的信任水平和强大的社会规范)来解决这一问题。这是因为社员之间的信任使他们相信大家都不会推卸责任,因此合作社能够大大减少高昂的成本,如正式合同、信息收集、管控和监督等。此外,合作社中的社会规范能够遏制交易和集体行动中的机会主义行为,并形成一定的惯例,从而进一步节省了控制和协调成本。因此,由关系型社会资本主导的非正式机制在合作社发展的初期起着至关重要的作用。

Chloupkova 等(2003)关于丹麦乳业合作社的案例研究强调了高水平社会资本的价值。从 1882 年开始,越来越多的丹麦农民承诺将所有牛奶交付给自己的合作社。这些合作社由当地农村社区充满活力的企业家牵头成立,通过自下而上的方式建立宝贵的社会资本。合作社的工厂发展非常成功,生产的黄油质量显著提高,产品的标准化使农户获得了更高的收益。这种社会性控制机制确保所有社员都不会在质量上作弊,保证了牛奶的良好品质。一般来说,较高的社会资本水平能够减少搭便车和违约的倾向(Paldam 和

Svendsen,2000)。因此,在丹麦乳制品合作社的早期发展阶段,即使没有严格的正式控制,在产品集合的情况下也可以保证牛奶的质量。另外,来自肯尼亚和中国的最新证据也表明,组织的社会资本水平的差异可以解释生产者合作社的绩效差异(Wambugu 等,2009;Liang 等,2015)。

3. 成长和巩固阶段

在生命周期的第三阶段,合作社往往实现横向或纵向的扩展,组织规模和复杂性大大提高,此时合作社关于剩余所有权和决策权的模糊界定引发了组织内部的各种冲突,包括搭便车问题、视界问题、资产组合问题、控制和影响成本问题等。但是,在合作社发展和竞争力提高的同时,大型和复杂合作社的社会资本水平可能会逐渐下降并变得相当低(Nilsson 等,2012)。

首先,结构型社会资本减少,这是由于合作社组织规模的扩大增加了社员的异质性(Nilsson 等,2012)。在一个大型社会网络中,所有成员或大部分成员保持社交联系变得非常困难,这使得成员之间的社会联系变得更弱,成员之间的凝聚力逐渐消失,成员与管理者之间的距离增加,且容易出现沟通问题(Nilsson 等,2009;Österberg 和 Nilsson,2009)。随着数字技术的发展,电子交易逐渐取代了面对面的交易,这可能阻碍社员与合作社之间关系的发展和维持(Byrne 和 McCarthy,2005)。合作社组织规模的发展,使得聘请非社员的专业管理者变得更有必要,这进一步加剧了社员与管理层之间的信息不对称(Nilsson 和 Hendrikse,2011)。此外,随着合作社的发展,社员对合作社决策的参与程度逐渐降低,合作社的管理也逐渐变成自治(Harte,1997;Bhuyan,2007;Bijman 等,2013)。位于荷兰豪达镇的奶酪合作社 De Producent 的案例研究为上述发展过程提供了很好的例证(Peng 等,2016)。该合作社在过去20 年中,大多数活跃社员已从个人农户发展成为农业企业家,这些企业由专业团队管理并开展规模化生产,其中一些企业的年收入超过了 100 万欧元。合作社社员分布在豪达镇周边,他们主要关注生产活动,但社员之间的互相交流和影响很有限,社员主要与合作社加工商进行交流。在这样一个现代化的合作社中,社员之间发展社会网络的空间非常有限,合作社的社会资本水平也无法得到提高。

其次,合作社社员规模较大或异质性较强对认知型社会资本具有不利影响。根据 Hogeland(2006)的说法,随着合作社的发展,传统合作社的文化逐渐消失。当合作社社员规模增大时,合作社中的社会互动变得越来越少,而这种互动是发展和维持共同信念和价值观的机制。由于规模、地理位置、知识水平、利益甚至国籍等异质性,合作社社员之间难以形成共同的价值观。此外,合作社意识形态在合作社中的作用也逐渐消退。社会价值观的变化可能会使合作更加困难(Fulton,1995)。在该发展阶段,盈利能力成为合作社社员关注的重中之重。此时,农户尤其是年轻一代的农户,对合作社的期望愈加实际,社员的决策也主要基于经济性目标(Hakelius,1999;Karantininis 和 Zago,2001)。

最后,随着结构型和认知型社会资本水平的下降,关系型社会资本水平也随之下降。从横向上来看,由于成员之间的交流减少,建立个人信任的传统条件不再存在(Granovetter,1985)。同时,组织规模越大,其制定和执行规范的能力就越低,比如减少搭便车行为的规范(Granovetter,2005)。Bijman 和 Verhees(2011)还发现,社员对合作社的承诺随着地域规模的扩大而减少。从纵向上来看,纵向协调所要求的更严格的科层控制机制可能导致社员对合作社持消极态度和低水平承诺(Hogeland,2006)。社员与合作社管理者之间缺乏沟通会导致社员对管理者的信任度降低。大型合作社中日益减少的社员控制使社员减少了对合作社治理的关注,并增加了代理成本。可以说,随着合作社规模的扩大,它的行为更像是投资者所有企业,并且变得更加以公司(而非社员)为导向(Hind,1997;Hind,1999;Nilsson 和 Ollila,2009)。这意味着合作社社员的身份被弱化,社员纯粹从商业角度考虑与合作社的关系,而社会网络机制对社员施加的行为约束则弱得多(Borgen,2001;Ollila 等,2013)。

合作社在扩张阶段的社会资本减少可以归因于影响社会资本发展的因素的变化,即时间、互动性、相互依存和网络的封闭性(Nahapiet 和 Ghoshal,1998)。通常,随着时间的推移和合作社规模的扩大,上述的大部分甚至所有因素都相应改变,因而可能会改变合作社内部的社会结构,减少社员之间互动的可能性,降低社员之间的相互依赖性以及削弱社员身份认同感。相应地,社员关于社会资本的信任、共同愿景、忠诚度等要素逐渐消退。社会资本下降的程度在不同国家/地区可能有所不同,这与当地文化有关。在一些亚洲国家,特别是在社会和谐文化占主导地位的中国,合作社社会资本的下降可能较为平缓(Bernardi 和 Miani,2014)。

4.努力解决产权界定模糊的问题

在生命周期的第四阶段,合作社面临着更为严重的产权冲突。因此,合作社开始致力于在退出、继续生存还是组织结构转型中选择,该选择取决于合作社的产权不清问题与其特殊作用(如消除双重加价和市场竞争标尺)之间的权衡(Cook,1995;Liang 和 Hendrikse,2016)。合作社的共同财产权建立在高度的集体主义之上,当合作社中的社会资本不足以支持集体主义时,基于共同财产权的治理结构便不再适用,产权不清的问题便浮出水面并变得尖锐(Nilsson 等,2012)。本质上,这些问题的根源在于合作社的社会属性和经济属性的不平衡。换句话说,以集体收益和决策权分配为特征的治理结构与下降的社会资本水平之间失去了协调。

因此,产权模糊问题通常与合作社中社会资本水平的下降有关。Borgen(2004)指出,共有财产权的负面影响将会以成员承诺水平较低的形式出现。传统合作社的公平政策与低水平的社会资本相结合,可能会导致搭便车和逆向选择(Hendrikse,2011;Pennerstorfer 和 Weiss,2013)问题。此外,社会资本水平的下降进一步加剧了产权模糊问题。例如,如果社员不信任合作社的长远前景,他们将强烈要求提取较低的留存收益和较短的赎回期,从而造成视界问题,对共同财产权不满意的社员也将丧失对合作社的忠诚度。因此,社会资本水平低下加剧了合作社的产权模糊问题,而产权模糊问题又进一步造成了合作社的社会资本流失。由于较低的社会资本水平危及合作社集体治理结构的基础,合作社逐渐失去竞争力,并面临社员退出的风险。在第四阶段末期,一些合作社意识到其社会属性和经济属性的不平衡,并考虑变革的方向,这意味着合作社进入生命周期的第五阶段。

5.退出、重组或转换

为了解决产权界定模糊的问题,合作社从退出、重组和转换这三种策略中进行选择,即有些选择清算的退出策略,有些转换为投资者所有企业,另一些则保持合作形式,但决定重组或调整治理结构(Cook,1995)。

合作社可以采用的一种治理结构重组战略是将其集体收入权结构改变为更具个人主义的形式,例如用不混合或部分混合社员的产品来代替完全混合、引入个性化和可交易的所有权、区别对待社员等(Chaddad 和 Cook,2004;Hendrikse,2011)。这些解决方案都可以看作合作社为使其经济属性与社会属性保持一致的战略举措。

The Greenery 合作社正是在生命周期第三阶段到第五阶段期间发展和重组的一个典型例子，具体来说，The Greenery 合作社选择将其收益权结构从集体主义形式转变为个人主义形式（Hendrikse，2011）。The Greenery 是一家欧洲领先的果蔬合作社，由荷兰九个区域性果蔬拍卖合作社合并而成，合并后的新合作社一直在努力实施其新战略并寻找最适合的组织结构（Bijman，2002；Hendrikse，2011）。除了规模较大（大约 9000 名社员）外，由于消费者对更多品种和更高质量的产品需求的提高，生产者不得不进行创新，这使得 The Greenery 合作社社员的异质性也有所提高。合并后的最初几年，一些大型生产者因小生产者的交叉补贴，即搭便车问题，而离开了合作社（Bijman 和 Hendrikse，2003）。同时，一些创新型生产者也离开了，因为产品混合的公平原则侵占了他们的创新本应该获得的回报（Hendrikse，2011）。

从社会资本的角度解释，作为一个庞大而复杂的合作社，The Greenery 难以维系组织中的社会资本。正如 Bijman（2002）所指出的，合并后的组织变革导致生产者的不满，部分不满是由于管理层与社员之间缺乏沟通引起的。社员的忠诚度和承诺已不足以成为他们与合作社共处并将产品交付给合作社的社会性动力。在经济利益的驱动下，无法获得高质量产品的补偿或社会资本较多的社员将很容易离开合作社，与投资者所有企业进行交易或者成立新的合作社。

The Greenery 通过引入社员收益计划来应对该问题，该计划增加了产品质量属性的数量和范围，并将这些特定条款在合同中进行明确，以更好地激励社员（Hendrikse，2011）。该社员收益计划使得合作社社员可以通过获得高质量产品的溢价来实现更高的回报，是一种较为有效的激励措施。The Greenery 案例说明了根据合作社的社会资本情况调整收益权结构的必要性，即在一个社员异质性程度较高的大型和复杂合作社中，当社会资本在社员的决策中发挥的作用有限时，有必要采用倾向于个人主义的收益权分配方式。

当然，合作社也可以在组织发展过程中选择维持或提升社会资本，而不是改变收益权结构。尽管随着社员规模的扩大和异质性的增加，难度可能会越来越大，但它仍然可以非常有效。然而，由于社会资本的建立需要很长时间，因此需要管理层持续付出巨大努力（Putnam，1993）。

表 3-1 总结了随着合作社生命周期的发展，各种类型社会资本的变化。合作社的特点是：社会资本水平越高，社员之间越具有强大的社会联系、共同

的愿景和高度的信任。在生命周期的早期阶段,社会资本的不同维度是相辅相成的,合作社的治理结构以集体收益和集体决策为特征,其收益权结构的一个独特特征是,社员集体持有剩余索偿权,并按其出资额获得相应的利益(Dunn,1988)。混合经营是传统合作社收益权结构的重要组成部分,收入和成本在一定程度上不依赖于生产规模和/或产品质量(Hendrikse 和 Feng,2013)。因此,社员的惠顾额分配也是基于集体主义而非个人主义。关于决策权,社员通常具有平等的投票权,并根据一人一票的原则由集体做出决定(Hansmann,1996)。在集体治理结构下,传统合作社由于机会主义行为和较高的集体决策成本而面临组织效率低下的问题。但是,该阶段合作社中高水平的社会资本通过社会机制来控制和协调社员的活动,从而补充了集体治理结构的缺陷。

表 3-1　合作社生命周期和社会资本的发展

合作社生命周期	合作社的主要问题	结构型社会资本	认知型社会资本	关系型社会资本
经济合理性的获取和合作社的建立	寻找解决市场失灵和提高价格的方法	基于非正式社会网络的频繁互动	共同愿景,集体目标和行动	高水平的信任,可信度和可靠性高
初始生存阶段	获得优惠的价格并降低协调成本	牢固的社会关系和互动关系,以促进技术和信息共享	获得更高收益的集体目标和行动	高度信任,以确保社员的承诺
成长和巩固阶段	大而复杂,内部冲突多	社员之间以及社员与管理层之间的社会联系减少	目标异质性和较不常见的价值观	互动逐渐消失,信任度下降
努力解决产权界定模糊的问题	更严重的财产权冲突,如搭便车和社员的逆向选择问题	社会联系和沟通冲突	社员收益函数的多样化	社员的承诺和忠诚度不足
退出、重组或转换	治理结构的选择	社会关系薄弱;联系更多基于正规机构	走向个人主义和经济导向	基于经济激励的信任和义务

投资者所有企业则代表了另一种极端的组织结构,该类型企业具有完全不同的社会属性和治理属性,表现为相对较低的社会资本水平与基于个人主义治理结构的结合。企业归投资者所有,主要目标是为投资者提供最高的投资回报。农户是企业的产品供应商,他们之间的关系为纯粹的买卖关系。农户作为独立的供应商,彼此之间不像合作社社员那样频繁地进行交流,因此,农户之间以及农户与企业之间的社会资本水平较低。当农户将产品交付给企业时,他们得到的是个体价格而不是混合价格,即经济激励是个性化的。企业的投资者拥有决策权,他们通常再将这些权力委派给职业经理人和其他管理者,从而使职业经理人对制定、批准和执行公司政策具有实质控制权(Hendrikse 和 Feng,2013)。在投资者所有企业中,往往是经济激励而非社会机制起着控制和协调经济活动的主导作用。因此,这种个人主义治理结构与较低的社会资本水平相协调。

事实上,合作社和投资者所有企业都是有效的组织形式,它们的社会资本和治理结构属性具有协调性。在不更改其他属性的情况下更改某个属性可能会导致组织效率的严重损失(Milgrom 和 Roberts,1990;Brynjolfsson 和 Milgrom,2013)。Liang 等(2018)认为,具有较高集体治理结构特征的合作社中的社会资本比集体收益权程度较低的合作社中的社会资本起着更重要的作用。对于合作社而言,如果其社会属性的一个或几个方面发生变化,而集体收益权或决策权分配保持不变,则合作社可能会变得效率低下。为了避免组织效率低下,必须对不同属性进行重新组合。

(二)实践意义

基于上述分析,本节讨论了社会资本对农民合作社管理实践的意义,并提出合作社如何维护和恢复社会资本的政策建议。

在生命周期的早期,合作社的社会资本水平很高,它是合作社成立、生存和成功的基础。合作社中高水平的社会资本可以阻止搭便车行为,并促进社员之间的稳定合作。合作社一直面临着新的市场条件的挑战,为了应对竞争加剧和市场差异化需求,许多合作社选择横向扩展或纵向扩展,因此合作社规模逐渐扩大,组织结构愈加复杂。同时,合作社开始采用类似于投资者所有企业惯用的竞争策略和控制机制(Bijman 和 Wollni,2009)。如今,合作社越来越类似于投资者所有企业,社员们也逐渐将他们与合作社的关系看作纯粹的商业关系(Ollila 等,2013)。

　　然而,合作社旨在实现经济目标的所有策略都是以其社会资本为代价的,而这恰恰是合作社相对于投资者所有企业的优势所在。Nilsson 等(2012)曾提出警告,如果合作社没有认识到其在社会资本方面的相对优势,没有保护它,则有可能在合作社发展为大型企业的过程中失去这种资本。因此,由于规模经济和范围经济产生的利润可能会被社会资本流失造成的损失所抵消,这些损失包括社员之间以及社员与合作社管理者之间的信任度降低、社员之间的疏离和消极沟通、社员对合作社事务的参与度低、民主治理弱化、普遍的搭便车行为、社员对合作社的满意度低和团结感丧失等。也就是说,当低水平的社会资本破坏了社会属性和经济属性之间的平衡时,合作社可能会失去效率。

　　合作社主要依赖于社员的集体行动,上文对整个生命周期中合作社社会资本的特点和变化的讨论表明,社会资本是合作社成功的关键因素之一。因此,当合作社管理者面对不断变化的市场条件并将其结构从传统形式转变为创新形式时,他们必须制定维持甚至提升社会资本水平的措施(Ollila 等,2013)。维持和增加不同维度社会资本的具体措施也不同。首先,结构型社会资本是创造社会资本的基本来源,因此,合作社建立社会资本的最显著方法是建立其社员之间的社会关系(Leana 和 van Buren,1999)。合作社通过促进社员之间的互动性来维护社会网络,如通过鼓励社交活动和社员聚会、制定适当的沟通政策、组织研讨会和培训研讨会等来实现。此外,合作社应努力维持社员的稳定,高度不稳定的网络可能会限制生成社会资本的机会,因为当社员离开网络时,联系就会消失(Inkpen 和 Tsang,2005)。

　　其次,认知型社会资本可以通过合作社关于共同目标和价值观的有效沟通来发展。合作社应向会员提供有关合作的本质和益处的教育,以加强合作社的意识形态(Byrne 和 McCarthy,2005)。例如,在使用新的支付政策之前,世界上几大乳制品合作社之一的 Friesland Campina 合作社,花了一年的时间向会员传达有关乳糖市场潜力的信息,向他们解释乳糖的市场潜力以及为什么合作社要在这个领域扩大投资。这些宣传帮助社员了解了他们不熟悉的业务并赢得了他们的共同认可。合作社还可以通过选择和奖励重视集体活动的社员来建立共同的愿景(Leana 和 van Buren,1999)。由于频繁的互动能够发展社员之间的共同语言和理解,在结构型社会资本方面进行的投资也将有利于认知型社会资本的增长。

　　最后，关系型社会资本在很大程度上取决于其他两个维度社会资本的发展。也就是说，合作社在结构型社会资本和认知型社会资本方面的投资有利于关系型社会资本的发展，如社员与管理层之间的频繁沟通将增强社员对合作社的信任和忠诚度（Barraud-Didier 等，2012）。合作社中的交流机制也可能影响社员对合作社的承诺度（Trechter 等，2002）。此外，合作社应采取措施鼓励社员参与合作社治理。以往研究表明，社员获得的信息和对合作社的控制感会增强他们的信任感和承诺度（Fulton，1999；Birchall 和 Simmons，2004；Byrne 和 McCarthy，2005；Österberg 和 Nilsson，2009）。

　　此外，合作社应注意社会资本与治理结构之间的复杂关系。在生命周期的最后阶段，许多合作社通过引入个人主义的收益权结构以及可转让并且可观的股本份额来应对产权界定模糊的问题。合作社治理结构的这种变化为会员提供了更多的经济性激励，促进了他们的出资和承诺。然而，这种激励对合作社社会资本的后续影响尚不清楚。一种可能性是，这种强有力和具有个人主义的经济激励机制的创新性治理结构将促进合作社在经济目标上的成功，这种成功反过来会加强合作社社会资本。Cechin 等（2013）还发现，对社员的产品进行更严格的分级定价实际上会对社员的承诺产生积极影响。在这种情况下，基于个人主义的治理结构和较高的社会资本水平形成了新的协调性体系。另一种可能性是，强有力的个人主义经济激励措施与正式的控制机制相结合，将挤占社员的内在动机并遏制信任，因此降低了合作社的社会资本水平（Malhotra 和 Murnighan，2002；Bowles 和 Polania-Reyes，2012）。最终，合作社表现为强调个人主义的治理结构和较低的社会资本水平，这类似于投资者所有企业。因此，在合作社领导者考虑改变治理结构时，对这两种可能性的透彻理解尤为重要。

四、社会资本对农民合作社社员参与行为及绩效的影响

20 世纪 90 年代以来,中国农民合作组织蓬勃发展,学术界从多方面进行了探讨。随着认识的深入与法规的出台,讨论焦点逐渐由组织原则、法律地位、政府角色转向产权安排、组织管理、组织效率等方面。合作社的所有权特征以及集体决策机制,使得合作社的管理成本相对较高,和一般的投资者所有企业相比,合作社的高成本主要体现在内部交易成本上(Valentinov,2004)。这是由于合作社更加注重所有社员在决策制定和利益分配上的共同参与、交流,因此,人际关系是内部交易的基础。此外,合作社的发展嵌入一定的社会结构背景中(徐旭初,2005;李婵娟和左停,2013),其组织制度只有与社会结构性要素相融合才能更好地发挥作用。合作社的外部嵌入性主要包括村庄或社区嵌入、其他市场主体嵌入和外部资源供给主体(包括政府、金融机构、社会团体等)嵌入。考虑到合作社内部社员之间的交流性和外部嵌入性,社会资本理论是从上述角度进行研究的理想分析工具。

从组织层面来看,社会资本有利于组织内和组织间信息的流通、产品的创新、人力资本的提高、合作关系的形成和组织绩效的提高等(Tsai 和 Ghoshal,1998;Nahapiet 和 Ghoshal,1998)。Valentinov (2004)指出,合作社是一种特殊的、基于社会资本的组织,合作社的资本由所有社员共同享有。因此,社会资本在合作社中的地位显得尤为重要,社会资本在合作社中所扮演的角色正如同物质资本(包括资金)在投资者所有企业中所扮演的角色,也如同人力资本对于个人的作用。

首先,国内外研究中关于社会资本对于农民合作社的重要作用被频繁提及,但是关于合作社社会资本的定义和度量仍然不够准确,很多研究将其等同于社会网络,忽略了作为最重要部分的内部社会资本;其次,对于社会资本和一般企业(投资者所有企业)的实证研究相对丰富,但是关于合作社社会资

本的实证研究甚少;最后,社会资本对农民合作社社员参与行为和绩效的影响的研究几乎空缺。

因此,本章建立了社会资本的衡量指标体系,并基于问卷调查收集的第一手数据,检验社会资本对社员行为及合作社绩效的影响。具体研究问题为:①中国农民合作社的社会资本包含哪些内容? ②社会资本是否对社员参与集体活动有影响? ③社会资本是否对合作社经济效益有影响?

(一)理论和假设

该部分首先对社会资本的衡量进行界定,进而基于对现有理论的梳理,提出四个研究假设。

本部分研究采取 Adler 和 Kwon(2002)的方法将社会资本分为外部社会资本和内部社会资本两个维度,组织外部的社会资本用来衡量组织与外部其他的组织之间的关系网络,组织内部的社会资本是合作社存在的基础,它包括组织的规范、制度、成员间的合作以及信任。

1. 外部社会资本与社员参与程度和合作社绩效

外部社会网络是合作社得以在大环境中生存和发展的条件,能够帮助合作社和其他行为主体建立联系,进而获得赖以生存的重要资源和竞争优势。徐凤江等(2013)认为,合作社与各级政府、金融机构、中介组织、科研机构之间的合作和网络关系构成了合作社的外部社会资本。组织外部的社会关系能够强化组织间关系、维系组织间网络、促进组织间信任的产生,并能促进组织间的合作和学习,使得组织能够更快地积累知识、提高创新能力和创新水平,进而对组织绩效产生正向影响。

社员参与是指依法参与合作社的社员个体,通过多种形式参加合作社的生产经营活动,其中包含业务参与、资本参与和管理参与三个维度(邵科,2013)。资本参与指的是社员拥有合作社的股份;业务参与包括合作社统一购买投入品、提供技术培训、收购社员产品等;管理参与则指社员参与合作社日常决策事务。合作社良好的外部关系网络能够提升社员的积极性,促进社员参与到合作社活动中来。同时,由于社员是为了共同的利益而加入合作社,因此处于良好外部关系网络环境中的合作社能够获取社员更大的信心,进而增强社员的凝聚力和参与性。

基于以上的理论依据,可以得到如下假设。

假设 1a:外部社会资本与社员参与程度呈正相关关系。

外部社会网络对于合作社的发展至关重要,合作社与其他组织间的关系网络是其竞争优势的最主要来源之一(Dyer 和 Singh,1998)。首先,合作社与交易对象之间稳定和广泛的社会网络,不仅有利于减少双方的机会主义行为,而且能够降低信息和交易成本。其次,网络中信息的流通和信任的存在增加了产品创新和创新的推广(Knack 和 Keefer,1997;Tsai 和 Ghoshal,1998;Robison 等,2002)。此外,基于社会资本的外部网络有利于新的商机的增加和拓展(Bingen 等,2003)。基于上述分析,可以得到假设 1b。

假设 1b:外部社会资本与合作社绩效呈正相关关系。

2. 内部社会资本与社员参与程度和合作社绩效

在组织的内部社会资本中,信任是社员结成群体的核心(徐凤江等,2013)。Zucker(1986)指出组织内人际的信任是基于过程、特征以及制度形成的。社员参与到合作社组织中来,是为了追求个体状态下难以实现的更大利益,因此只有信任和合作才是内部社员稳定合作的基础。组织内部的社会资本有助于强化共同目标(Leana 和 Van Buren,1999),增强组织内部资源和信息的交换及流动并促进创新(Gabbay 和 Zuckerman,1998),提高员工的忠诚度和降低员工的流动性(Krackhardt 和 Hanson,1993),有助于团队合作以及跨部门的合作,共同提高组织绩效。在良好的信任氛围下,人们在交易过程中就会花费更少的代价去防止机会主义行为的发生。正如 Arrow(1972)所说,在每一次交易中,信任都是至关重要的。人们在一起工作就是为了获得更大的成就,而这一切少了社会资本就很难做到(Ostrom,1994;Coleman,1988)。人们共享的社会资本越多,所需要花费的交易成本就越少。进而,信息和资金的流通更加不受阻碍,高的经济效益由此而产生(Granovetter,2005)。在一个缺少信任的组织内,管理者会花费很多的时间防止团队内成员的机会主义行为,因而产品和技术的革新就很难有所进展(Knack 和 Keefer,1997)。

合作社往往具有两种属性——经济属性和社会属性,因此它是社会资本聚合和发展的载体。Valentinov(2004)认为在合作社的组织架构中,社会资本能得到最优的管理。成员越彼此信任,就会越积极地参加到集体活动中去。合作社中的人际关系对合作社的协调和决策制定有着重要的影响,好的人际关系能够缓和在协调和决策制定过程中产生的问题,并节约交易成本。社员与社员、社员与管理者之间的信任度越高,合作社中的交易成本就越低,因而能创造更大的经济效益。仲亮(2013)认为,农民对合作社的初始信任以及对于发起者熟人社会的关系信任,是农民加入合作社的重要原因。

根据以上的理论,得到以下两个假设:

　　假设 2a:内部社会资本与社员参与集体行动的程度呈正相关关系。
　　假设 2b:内部社会资本与合作社绩效呈正相关关系。

(二)方法论

1.模型的构建及变量的衡量

根据本研究的研究假设,构建模型:

$$Bhv = c_B + \alpha_1 S_{inter} + \alpha_2 S_{intra} + \varepsilon,$$
$$Pfm = c_P + \beta_1 S_{inter} + \beta_2 S_{intra} + \gamma,$$

其中,自变量 S_{inter} 和 S_{intra} 代表合作社的外部社会资本和内部社会资本, Bhv 和 Pfm 分别为社员参与度与合作社绩效, c_B 和 c_P 为常数项, α_i 和 β_i 为待估参数, ε 和 γ 为随机干扰项。

社会资本的各衡量指标如表4-1所示。在合作社组织中,理事长在日常的管理和经营活动中处于绝对的支配地位,大多数普通社员只是单纯地按照合作社要求进行生产和提供农产品(Liang 和 Hendrikse,2013a),因而将理事长与外部组织和个人的关系粗略地作为外部社会资本的衡量指标。具体来说,用合作社理事长与生产资料供应商、其他合作社或龙头企业的管理人员、农产品批发商或收购商、政府官员和工作人员以及合作社、联合社或协会的管理人员的关系密切程度来衡量外部社会资本,并运用五点量表(从"没有往来关系"到"非常密切")来评估上述关系的密切程度。

内部社会资本包含了合作社管理者与社员间的相互信任、合作社社员之间的信任，以及社员对合作社组织目标和使命的理解程度（Tsai 和 Ghoshal，1998），因此采用表 4-1 中第（6）—（9）的 4 个问题来进行衡量，并使用五点量表对其回答进行评估。

表 4-1　社会资本的衡量指标

社会资本	测量指标	选项
外部社会资本	（1）您和生产资料供应商日常来往的密切程度 （2）您和其他合作社或龙头企业管理人员日常来往的密切程度 （3）您和农产品批发商或收购商日常来往的密切程度 （4）您和政府官员和工作人员日常来往的密切程度 （5）您和合作社、联合社或协会的管理人员日常来往的密切程度	①没有往来关系 ②不太密切 ③密切 ④比较密切 ⑤非常密切
内部社会资本	（6）在您的合作社中，社员对理事长及其他管理者在提供服务和提高收益等方面的信任度如何 （7）您是否信任社员能够生产和提供质量和数量达标的产品 （8）您认为社员之间的凝聚力和信任度如何	①完全不信任 ②不太信任 ③基本信任 ④比较信任 ⑤非常信任
	（9）您认为，社员是否了解合作社这一组织的目标和使命	①完全不了解 ②不太了解 ③基本了解 ④比较了解 ⑤非常了解

正如前文提到的，社员在合作社中的参与包括业务参与、资本参与和管理参与三个方面（邵科和徐旭初，2013），然而，在中国的农民合作社当中，由少部分人组成的核心社员占据了支配地位，合作社社员在投资、决策和利益分配等活动中的参与度较小，甚至其参与度并不是社员本身的选择行为，而是理事长及核心社员制度设计的结果（Liang 和 Hendrikse，2013a），社员参与合作社活动最普遍的形式是技能培训以及社员大会，故而用上一年度"参与技术培训的社员比例"和"参与社员大会的社员比例"来衡量社员参与程度。合作社绩效用合作社的经营收入来衡量。

此外,很多研究表明,合作社的地域、发展年限、社员规模以及理事长的性别、受教育程度、年龄、工作经历、是否党员、出资比例都可能对合作社的绩效水平存在影响(黄胜忠等,2008;黄晓俐,2009;郭红东等,2009),因而将所有这些因素作为控制变量。

2. 数据来源

本章实证分析的数据来源于浙江省农民合作社样本,浙江省的合作社在数量和质量上都居于全国前列,至 2018 年底,全省农民专业合作社达到了4.7 万多家,带动农户 500 万户。[①] 具体来说,数据包含了档案资料以及问卷调研得到的第一手数据,其中问卷调研选择嘉兴和台州作为样本选取的地点,嘉兴和台州分别坐落于浙江省的东北和中部,它们的 GDP 水平和市场化水平都相当,因此,选择这两座城市可以适当控制农民合作社发展水平及绩效的离散程度。台州和嘉兴的土地面积分别大约为 9400 平方千米和 4000 平方千米,台州有超过 7000 家的农民合作社,嘉兴则有超过 3000 家的农民合作社。

在进行正式调研之前,我们分别对嘉兴的 1 家合作社和台州的 2 家合作社进行了实地走访,并与理事长进行了面对面访谈,以确定问卷中每一问题的合理性、可读性和可回答性,并根据访谈结果对问卷进行了多次修改。2014 年 6—8 月,从嘉兴和台州的合作社名单中分别随机抽取合作社样本,使用结构化问卷对样本中每家合作社的理事长进行面对面访谈,问卷中主要信息包括:①合作社基本信息,如主要产品、社员规模、成立年份等;②治理结构信息,如股东结构、控制权和收益权分配;③各个维度社会资本的内容和水平;④理事长的个人特征,如年龄、受教育水平、工作经历等信息。

由于时间和精力有限,以及未能与样本中的部分合作社理事长取得联系,因而分别对嘉兴的 83 位理事长以及台州的 70 位理事长进行了访谈,并剔除了关键数据缺失的问卷。最终,建立了一个包括 147 家农民合作社的数据库,其中 81 家来自嘉兴,66 家来自台州。

---

①　数据来源:《中国农村经营管理统计年报(2018 年)》。

（三）结果及讨论

1.社会资本对社员参与行为的影响

基于普通最小二乘法（OLS）对数据进行回归处理，社会资本对合作社社员参与程度的影响如表 4-2 所示，该结果表明外部社会资本对社员参与没有显著性影响，因此假设 1a 不成立；内部社会资本对社员参与技术培训有着显著性影响，因此假设 2a 基本通过验证。

表 4-2　社会资本对社员参与行为的影响

变　量	社员参与技术培训	社员参与社员大会
外部社会资本	0.025(0.83)	0.018(0.40)
内部社会资本	0.046**(2.21)	0.042(1.11)
地　域	−0.104**(−2.31)	0.225***(3.20)
社员规模	−0.002***(−4.74)	−0.002***(−3.97)
发展年限	−0.001(−0.08)	−0.014(−1.20)
理事长性别	−0.043(−0.76)	−0.000(−0.00)
理事长受教育程度	−0.026**(−2.15)	0.014(1.31)
理事长年龄	−0.006(−1.54)	−0.003(−0.73)
理事长工作经历	−0.011(−0.24)	−0.012(−0.13)
理事长是否党员	0.048(1.17)	−0.02(−0.26)
理事长出资比例	−0.001(−0.49)	0.004**(−2.41)
常数项	1.656***(5.51)	0.741***(2.63)
r^2	0.352	0.41

注：***、** 和 * 分别代表 p 值分别在 $p < 0.001$，$p < 0.01$ 和 $p < 0.05$ 水平上显著；括号里为 t 值。

在政治经济学的研究中，社会资本有助于提高市民的政治参与积极性，这已经被很多学者所证实（Putnam，1995；Chloupkova 等，2003；Teorell，2003）。本章研究则表明了内部社会资本对社员参与技术培训的积极作用，但是对社员参与社员大会没有显著性影响，这与中国合作社发展情况比较相符。一方面,合作社内部社员之间的信任,包括普通社员和管理者的相互信任,以及社员对合作社集体目标和使命的理解,能够促使社员参与日常的各种活动。另一方面,中国核心社员占主导地位并拥有绝对决策权的事实(liang 和 Hendrikse,2013a),导致了普通社员在决策中的话语权较弱,对合作社事务的参与度较低,因而其参与社员大会等民主活动受限,甚至其参与行为并不是他们自己所能选择的,这可能是内部社会资本对社员大会参与度的影响不显著的原因。

2. 社会资本对合作社绩效的影响

社会资本对合作社绩效的影响如表 4-3 所示,各类变量分步进入模型,模型 1 只包含控制变量,模型 2 包含控制变量和外部社会资本,模型 3 包含控制变量和内部社会资本,模型 4 包含了所有变量。该结果表明:①外部社会资本对合作社绩效有显著的正向影响,因此假设 1b 成立;②内部社会资本对合作社绩效有着显著的正向影响,因此假设 2b 通过验证。

表 4-3 社会资本对合作社绩效的影响

变 量	模型 1	模型 2	模型 3	模型 4
外部社会资本		0.354**		0.489***
		(2.15)		(2.71)
内部社会资本			0.381***	0.342***
			(1.50)	(2.63)
地域	−0.910***	−0.642***	−0.972***	−0.669***
	(−3.49)	(−2.90)	(−3.70)	(−2.88)
社员规模	0.004*	0.003	0.004*	0.004
	(1.76)	(1.61)	(1.76)	(1.63)
发展年限	0.155***	0.147***	0.144***	0.130***
	(3.30)	(3.04)	(3.12)	(2.74)
理事长性别	0.304	0.356	0.152	0.189
	(1.02)	(1.22)	(0.50)	(0.63)
理事长受教育程度	0.003	0.028	−0.002	0.025
	(0.04)	(0.38)	(−0.03)	(0.34)

续　表

变　量	模型 1	模型 2	模型 3	模型 4
理事长年龄	0.011	0.022	0.007	0.020
	(0.57)	(0.99)	(0.38)	(0.90)
理事长工作经历	−0.251	−0.215	−0.221	−0.194
	(−0.82)	(−0.71)	(−0.73)	(−0.65)
理事长是否党员	−0.157	−0.194	−0.113	−0.198
	(−0.58)	(−0.74)	(−0.42)	(−0.75)
理事长出资比例	−0.006	−0.006	−0.005	−0.003
	(−0.59)	(−0.58)	(−0.44)	(−0.29)
常数项	4.695***	3.767**	5.093***	4.086**
	(2.85)	(2.04)	(3.07)	(2.24)
r^2	0.434	0.456	0.428	0.464

注：***、**和*分别代表 p 值分别在 $p < 0.001$，$p < 0.01$ 和 $p < 0.05$ 水平上显著；括号里为 t 值。

合作社与外部交易主体和制度主体的良好关系，可以促进合作社在整合信息、资金、技术、管理等资源时获得优势，从而为合作社带来经济效益。首先，合作社与其他主体及环境的网络能够使信息的流通更加顺畅、节省信息成本。在信息不对称的情况下，基于关系网络的交易能够大大减少信息搜寻费用和谈判费用，因为已有的社会关系或交易经验提供了信任因素（Hagedoorn，2006）。不仅合作社与其产品交易主体之间的交易受到该社会资本的影响，而且合作社与政府的关系亦是如此，政府往往倾向于将补贴等提供给与其关系较为紧密或掌握信息较多的合作社。其次，关系网络的存在还能够在一定程度上抑制机会主义行为（Gulati 等，2000），这种网络往往基于相对长期的交易基础，因而各交易主体之间不得不避免投机行为以维持其名声和交易关系。最后，合作社最主要的特征之一是其发展嵌入一定的制度环境和当地社区中（徐旭初，2005；李婵娟和左停，2013），合作社的这种嵌入性特征，使其外部社会关系的作用更加显著（Granovetter，1985；Hagedoorn，2006）。

内部社员之间的信任对企业绩效的作用已经被很多学者所证实（Knack 和 Keefer，1997；Hansen 等，2002）。正如 Knack 和 Keefer（1997）指出的，内部信任有利于减少内部各种业务的实施成本，并增加社员对企业的认同度和忠诚度。值得一提的是，Hansen 等（2002）进一步探讨了合作社内部不同的信任度对于合作社经济效益的影响，他们发现，当合作社提供的服务越复杂、社员的分布越分散时，社员之间的信任对合作社经济效益的影响越大，社员与管理者之间的信任对经济效益的影响越小，反之亦然。中国合作社具有提供服务较为简单、社员大多来自当地乡镇的特点，按照 Hansen 等（2002）的研究结论，社员与管理者之间的信任可能起了更为主导的作用。此外，社员对于合作社集体目标和使命的理解至关重要，一方面，这是合作社产生的前提；另一方面，这在一定程度上能够增强社员的身份认同感，进而增加内部信任，减少机会主义行为（Rudd，2000；Borgen，2001；Pearson 等，2008）。

（四）本章小结

本章将社会资本分为外部和内部两个方面，外部社会资本主要指合作社外部的社会关系网络，内部社会资本包括内部社员之间的信任、社员与管理者之间的信任，以及社员对合作社集体目标和使命的理解。进而以嘉兴、台州两地的 147 家农民合作社为对象，检验了社会资本对社员参与程度及合作社绩效的影响。结果显示，社员参与技术培训的程度受到内部社会资本的正向影响，合作社绩效受到外部社会资本和内部社会资本的正向影响。

合作社的外部关系网络是影响合作社发展的重要因素之一，不仅合作社本身要在营销、信息、资金、技术等多个方面建立与其他相关组织的关系网络，而且政府也需为合作社的发展提供良好的制度环境和政策环境，通过法律法规的完善和恰当的补贴或购买服务，引导合作社的发展。正如有形资产和人力资本一样，社会资本的创造和积累也需要投资，由于社会资本的产出较为定性，难以定量评估，因此需要合作社和政府持续地对其外部发展环境和关系网络进行维护和构建。

合作社内部的信任对合作社的发展也具有至关重要的作用。社会资本的提高能够促进社员参与技术培训等集体行动，而集体行动的参与也有利于社会资本的积累（Wollebaek 和 Selle，2002）。多个研究都表明，中国合作社在资本参与和管理参与上较为有限（Liang 和 Hendrikse，2013a；邵科，2013）。因此，社员适度参与到合作社的各种事务和集体行动中，增进合作社社员和管理者的信任度，提高内部社会资本的积累，可能会有利于合作社的健康发展。

　　增强社员的合作意识及其对集体目标的理解,也是合作社顺利发展的必需条件。由于组织规模的扩大、社员异质性的增加以及组织的资本导向的增强,合作社的内部社会资本正在流失,社员与合作社、社员与社员之间越来越缺少交流和合作(Nilsson 等,2012),而社员对集体目标的理解和追求则能够在一定程度上成为社员集体行动的动力,并降低合作社内部的沟通成本和项目实施成本。中国合作社中核心社员占主导地位的情形,更加需要合作社管理层将组织目标充分地传达给普通社员,以提高社员的合作意识和参与意识,社员大会和日常沟通渠道的建立,都是帮助社员理解组织目标的有效形式。另外,良好的组织文化也能够帮助社员理解组织目标(Porta 等,1997)。

五、农民合作社的社会资本
与正式治理之间的关联性

　　人们普遍认为社会资本对组织是有价值的,同时,一些学者注意到,社会资本对经济绩效的影响是非线性的,与正式治理有关。然而,关于社会资本与正式治理之间的相互作用尚缺乏实质性证据。一般来说,两者之间的关系可能表现为替代性或互补性关系。此外,社会资本和正式治理之间的相互作用主要是在宏观社会或经济背景下进行考察的,在微观组织层面关于社会资本在不同水平的正式治理强度下的作用的实证研究仍然缺失。

　　本章的正式治理结构的不同水平,是指在合作社中所有权、决策权和收益权在多大程度上符合相应的合作社原则。尽管 2007 年中国颁布了《合作社法》,但农民合作社的实际治理与法律中规定的有关所有权、决策权和收益权的分配方式并不完全一致(Liang 等,2015b)。中国学者们对于农民合作社治理结构异化问题有广泛和深入的研究。具体来说,中国合作社中控制权和收益权由少数核心社员所占有,普通社员几乎不参与决策,所获的剩余收益分配也很有限。

　　因此,本章探求社会资本与农民合作社正式治理之间的相互作用,具体的研究问题如下:在中国合作社正式治理结构水平相对薄弱的情况下,社会资本对合作社绩效的影响如何? 社会资本是农民合作社正式治理的替代还是补充机制?

(一)正式治理和非正式治理

　　治理分为经济治理和微观治理。前者指的是"法律和社会机构的结构和功能,其通过保护财产权、执行合同以及提供物质和组织基础设施的集体行动来支持经济活动和经济交易"(Dixit,2004)。微观治理则被定义为对相关资产的所有权、决策权和收益权的分配的说明。所有权规定了关于资产剩余控制权的正式权利,例如有关资产的财产权;决策权解决了谁具有对资产使用的控制权的问题,即实际权限的分配;收入权则规定了收益和成本的分配机制。

前文所描述的治理是正式治理,事实上交易中涉及的治理则更为复杂,即非正式治理,也被称为关系治理(Poppo 和 Zenger,2002)。社会资本的水平是表征非正式治理的重要方面。Ahlerup 等(2009)提出了社会资本究竟是正式治理的替代还是补充的问题。关于非正式治理与正式治理之间的相互作用的争论很多,在文献中主要有两种观点。

一种观点认为,非正式治理与正式治理之间存在替代效应,即一方的存在会减少对另一方的需求。正式治理能够取代非正式治理,因为它可能会破坏后者的实施(Granovetter,1985)。因此,正式治理水平的提高削弱了非正式治理的作用(Dixit,2004)。正如 Macaulay(1963)所说,一份详尽的合同可能表明信任的缺乏,会对建立良好的关系产生负面影响。正式治理对非正式治理的破坏作用也被称为挤出效应(Ghoshal 和 Moran,1996)。从某种意义上说,如果正式治理是强有力的,非正式治理就会被削弱并被正式治理逐渐替代。这种替代效应也可以以一种相反的方式发挥作用。在非正式治理运作良好的地方,对正式治理的需求很低(Gulati,1995)。非正式治理节省了正式治理的高昂成本,例如合同成本。因此,社会资本和正式治理在一定程度上可以相互替代(Mayer 等,1995)。在产权或信息不完善时,社会资本在交易中起着至关重要的作用(Pennings 等,1998)。替代效应的假设意味着社会资本对合作社绩效的边际效应随着正式治理的强度而降低。因此,在正式治理比较薄弱时,社会资本对绩效的影响更大。

另一种观点则认为二者是互补的。正式治理通过提高效率和促进非正式治理的自我执行对非正式治理进行补充(North,1990)。这是因为正式治理会减少机会主义行为并降低信息成本(North,1990)。此外,正式治理,例如共同所有制,可以促进相互信任(Poppo 和 Zenger,2002)。不仅正式治理可以促进非正式治理的效力,非正式治理也可以促进正式治理的完善或填补其空白。由于边际成本或复杂性的增加,正式制理安排在本质上是不完整的。在正式合同条款空缺或薄弱的领域中,前期建立的良好关系和信任很重要。因此,反复的非正式协议也有可能正式化。Poppo 和 Zenger(2002)通过实证检验证明了正式合同和非正式治理之间具有互补作用。这意味着社会资本对绩效的影响取决于正式治理的水平(Ahlerup等,2009;Pennings等,1998)。在社会资本水平较高时,正式治理能够有效地发挥作用,同样地,社会资本也通过正式治理得到维持(Fukuyama,2001)。正如 Lowndes 和Wilson(2001)指出的,制度设计会影响社会资本的产生,如果没有合适的制度,社会资本可能无法发挥作用。

尽管许多学者都证明了非正式治理与正式治理之间的相互作用,但是探索这种相互作用的本质需要更多的研究,因为互补效应和替代效应同时在起作用,并且最终结果取决于特定的条件,例如产品和交易特征、正式治理的强度、非正式治理的多样性等(Poppo 和 Zenger,2002)。本章探讨了社会资本与正式治理之间的相互作用,以及它们对农民合作社绩效的影响。

(二)方法论

本节介绍数据来源,并对各种变量进行界定和描述。

1.数 据

本章所用数据与第四章中数据相同,包括浙江省嘉兴市和台州市的 147家农民合作社的样本。因此,这里不再对数据情况赘述。

2.变量界定

本章以社员的人均利润作为合作社经济绩效的衡量标准。在模型中,对合作社的社员人均利润取对数,以消除负利润的影响。

合作社社会资本通过组织与外部利益相关者的关系、合作社社员之间的内部关系,或同时使用内部和外部两方面关系来衡量。本章社会资本包含外部和内部社会资本,其中前者通常用高层管理者与其他利益相关者之间的联系来衡量(Geletkanycz 和 Hambrick,1997)。中国合作社的理事长占主导地位(Liang 和 Hendrikse,2013a),因此,将理事长与原料供应商、下游买家和政府之间的关系看作外部社会资本,与此相关的对理事长的具体提问如:"您与原料供应商之间的关系有多密切?"该问题的答案从"没有往来关系"到"非常密切",运用五点量表来评估。

使用社员之间的信任程度和对集体目标的共识程度来衡量组织内部社会资本的方法非常广泛(Leana 和 Van Buren,1999)。其中合作社内部的信任包括两个方面,即管理者和社员之间的信任以及社员之间的信任,农民合作社内部信任程度使用以下三个问题来评估:①请说明社员在多大程度上信任管理者在服务提供、产品的市场认可度和提高社员的收入方面的能力;②请说明您在多大程度上信任社员遵守合作社的章程并完成交付义务;③请评估社员之间的凝聚力和信任程度。这些问题的答案同样用五点量表来评估:"完全不信任"、"不太信任"、"基本信任"、"比较信任"和"非常信任"。关于集体目标的共识,使用受访者用以下表述的同意程度来表示:"社员对合作社的集体定位和使命拥有的共识。"该问题的答案用从"完全不正确"到"十分正确"的五点量表来评估。

正式治理是关于所有权、决策权和收益权分配的规定,农民合作社的治理结构特征是所有权、决策权和收益权为集体所有。但是,中国大多数农民合作社并不严格遵守这些原则(Liang 等,2015b)。因此,本研究采用合作社遵守正式治理的程度作为正式治理的指标。第一,资本股份主要由少数几个核心社员持有,其中理事长所占份额最大,因此,使用"理事长持有的资本份额"来表示股权结构的偏度,即所有权的度量,理事长持有的资本份额越多,正式治理越弱。第二,决策权变量采用社员参与集体决策的程度来衡量,具体来说,使用"去年的股东大会召开次数乘以参加会议的社员的平均百分比"来计算。第三,使用"盈余按交易额分配的比例"作为合作社收益权的指标。根据传统的合作社原则,合作社的利润根据交易量/额分配给社员,基于资本分配的利润则是有限的(Dunn,1988)。然而,在中国农民合作社中,往往很大一部分利润是按资本份额来分配的,因此,本研究用盈余按交易额分配的比例来衡量合作社遵守收益权分配原则的程度。

此外,模型中控制了合作社所在省份、社员规模和理事长个人特征等可能会对合作社的绩效产生影响的变量(Liang 等,2015b)。合作社所在省份用虚拟变量来表示,0 为嘉兴合作社,1 为台州合作社。鉴于理事长在农民合作社中的主导地位,其个人特征可能在很大程度上影响合作社的绩效(Huang 等,2013),因此,理事长的工作经历、受教育程度和年龄等也被作为控制变量,其中工作经历和性别均由虚拟变量衡量,受教育程度用受教育年限的连续变量衡量。

(三)描述性统计和实证结果

由于社会资本指标较多,本研究先采用因子分析法计算社会资本指数作为综合指标,进而估计和分析社会资本综合因子和正式治理之间的相互作用及其对合作社绩效的作用。这是因为本研究总共有 9 个社会资本指标,而正式治理有 3 个指标,两者之间相互作用的指标则会高达 27 个,这使得分析过于复杂且难以讨论。因此,通过因子分析将 9 个社会资本指标进行简化。因子分析的结果显示在表 5-1 中,社会资本指标有三个共同因子,其贡献率达到94.34%。通过将这 3 个共同因子的方差贡献率的权重相加,计算得到一个社会资本的综合指标。

表 5-1　社会资本指标的因子分析

变　量	因子 1	因子 2	因子 3
与原料供应商的关系	0.612	−0.044	0.293
与其他合作社和农业企业管理者的关系	0.752	−0.065	0.162
与批发商或客户的关系	0.755	0.073	0.087
与政府官员的关系	0.732	0.033	0.058
与合作社联合社或农业协会的关系	0.654	0.047	0.101
社员对管理者的信任	0.075	0.762	0.069
管理者对社员的信任	0.081	0.630	0.055
社员之间的凝聚力和信任程度	0.089	0.531	0.043
对集体目标的共识	0.043	0.064	0.632
特征值	2.613	1.556	1.335
方差贡献	0.447	0.267	0.229

表 5-2 为模型中所有变量的描述性分析。社均社员数量规模为 68.1 人,最小值和最大值分别为 5 人和 410 人;合作社成立年限为 1~13 年;多数合作社理事长(83.8%)为男性,只有少部分(16.2%)为女性;理事长的平均受教育年限不足 11 年,这意味着理事长大多为中小学毕业;最小的理事长为 28

岁,最大的理事长为 63 岁;72.3% 的理事长具有非农工作经历;理事长的股本份额从 1% 到 100% 不等,平均为 19.4%;社员平均每年参加 2 次社员大会。

表 5-2　变量的描述性统计

变　量	均值	标准差	最小值	最大值
合作社的社员人均利润(万元)	1.2	2.2	−8.4	12.6
合作社的社员人均利润对数	−0.8	1.6	−4.7	2.5
社会资本	−0.0	0.5	−1.5	1.5
合作社所在地(0=嘉兴;1=台州)	0.6	0.5	0	1
社员规模(社员人数)	68.1	66.0	5	410
合作社成立年限(年)	6.4	3.1	1	13
理事长性别(0=女性;1=男性)	0.8	0.4	0	1
理事长受教育年限(年)	10.9	2.9	0	15
理事长年龄(岁)	47.3	7.6	28	63
理事长的工作经历(0=无;1=有)	0.7	0.4	0	1
理事长的股本份额(%)	19.4	15.6	1	100
社员参加成员大会次数	2.1	2.2	0	15
按资本分配的利润比例(%)	50.2	28.0	0	100

在对模型进行估计之前,首先对变量之间的多重共线性进行检验,结果显示,没有交互项的变量之间的每个方差膨胀因子都远低于 10,这表明不包含交互项时,变量间不存在显著的多重共线性;将交互项引入模型后,显示出多重共线性,因此,使用样本均值减去交互项变量的下限进行标准化处理,以消除或降低多重共线性。

模型的估计结果汇报在表 5-3 中,第(1)、(3)和(5)列显示了社会资本和正式治理对农民合作社经济绩效影响的结果,但未计算它们之间的相互作用,其中正式治理包括理事长的股本份额、社员参加社员大会次数和按资本分配的利润比例三个指标。结果表明,社会资本对合作社的经济绩效具有显著的积极影响。

第(2)、(4)和(6)列为包含了社会资本与正式治理三个维度之间交互项的结果。社会资本对经济绩效的影响程度与盈余分配政策有关,具体来说,盈余基于资本分配的比例越大,社会资本对合作社经济绩效的影响越小。盈余基于资本分配在较大程度上代表了正式治理的薄弱,因此,从收益权分配的视角来看,社会资本与正式治理之间存在互补作用。然而,实证结果并没有发现社会资本与理事长的资本份额之间的相互作用,也没有发现社会资本与社员的决策参与度之间的相互作用。

表 5-3　OLS 估计结果

变　量	(1)	(2)	(3)	(4)	(5)	(6)
社会资本	0.784**	0.751*	0.778*	0.786*	0.833**	0.791**
	(2.23)	(1.95)	(1.87)	(1.91)	(2.48)	(2.39)
理事长的股本份额	0.005	0.003				
	(0.60)	(0.33)				
社会资本×理事长的股本份额		0.005				
		(0.36)				
社员参加社员大会次数			0.004	−0.086		
			(0.06)	(−0.63)		
社会资本×社员参加社员大会次数				0.094		
				(0.72)		
按资本分配的利润比例					−0.010**	−0.013***
					(−2.07)	(−2.63)
社会资本×按资本分配的利润比例						0.013**
						(2.07)
合作社所在地	−0.842**	−0.842**	−0.880**	−0.815**	−0.692**	−0.728**
	(−2.47)	(−2.48)	(−2.53)	(−2.26)	(−2.01)	(−2.07)
社员规模	−0.007**	−0.007**	−0.007**	−0.008**	−0.007**	−0.007**
	(−2.09)	(−2.15)	(−2.30)	(−2.42)	(−2.31)	(−2.30)
合作社成立年限	−0.072	−0.072	−0.067	−0.067	−0.054	−0.051
	(−1.40)	(−1.40)	(−1.38)	(−1.37)	(−1.13)	(−1.04)

续　表

变　量	(1)	(2)	(3)	(4)	(5)	(6)
理事长的性别	0.206	0.188	0.179	0.184	0.239	0.28
	(0.53)	(0.48)	(0.47)	(0.48)	(0.64)	(0.73)
理事长的受教育年限	−0.044	−0.048	−0.042	−0.043	−0.014	−0.003
	(−0.79)	(−0.82)	(−0.80)	(−0.84)	(−0.28)	(−0.06)
理事长的年龄	0.001	0.001	0.003	0.003	0.01	0.011
	(0.05)	(0.03)	(0.13)	(0.13)	(0.49)	(0.56)
理事长的工作经历	−0.088	−0.088	−0.192	−0.218	−0.041	−0.022
	(−0.27)	(−0.27)	(−0.61)	(−0.68)	(−0.13)	(−0.07)
常数项	0.825	0.937	0.959	1.124	0.459	0.403
	(0.60)	(0.65)	(0.71)	(0.81)	(0.34)	(0.30)
r^2	0.220	0.221	0.229	0.233	0.252	0.270

注：***、** 和 * 分别代表 p 值分别在 $p<0.001$，$p<0.01$ 和 $p<0.05$ 水平上显著；括号里为 t 值。

合作社所在省份和社员规模都会显著影响其经济绩效，但合作社的年限、理事长性别、受教育程度、年龄、工作经历和资本份额则对合作社经济绩效没有显著影响。台州的合作社比嘉兴的合作社绩效更好，这可能是由于多方面当地因素造成的，例如政府对合作社的支持、农户的合作意识和合作社发展历史等。社员规模对合作社社员人均利润产生负面影响，尽管较多的社员数量可以为总利润做出贡献，但每个社员的边际利润却下降了。

实证结果表明，社会资本对农民合作社的经济绩效具有显著的作用，这与其他许多关于社会资本对组织绩效影响的实证研究的结果具有一致性（Hansen 等，2002；Leana 和 Pil，2006；Ruben 和 Heras，2012）。

正式治理对农民合作社的经济绩效具有显著影响，具体而言，盈余基于出资额分配的比例越高，通常会产生越好的经济绩效。因此，在激励少数核心社员和激励普通社员之间需要权衡取舍。由于核心社员要么是生产技术专家，要么是具有企业家才能的商人，具备组织农民、经营合作社和销售产品所必需的能力（Liang 等，2015b）。一方面，这些技术和才能对于合作社的成功至关重要，特别是在组织发展的初期。另一方面，合作社又要依靠普通社员来提供质量和数量稳定的产品，将过多的利润分配给核心社员的治理方式将使普通社员失去承诺和贡献的动力,还会对合作社绩效带来不利影响。现有的经验研究表明,在上述两方面的影响下,合作社盈余基于交易额分配的较高比例可以更好地激励社员并提高合作社的经济绩效。

当合作社盈余基于交易额分配的比例较高时,社会资本在合作社中将发挥更重要的作用。正如 Karantininis 和 Zago(2001)所言,农户关注的是他们产品的价格,他们加入合作社主要是为了获得经济利益。因此,社员最关心的是合作社实际支付给他们的销售额,而不是民主控制(Liang 等,2015b)。基于交易额的盈余分配比例较高,有助于提高社员对合作社及其管理者的满意度。中国合作社法律并没有规定社员必须购买与生产规模成正比的资本份额,但由于核心社员通常具有比普通社员高的财务资本优势,因此他们在所持资本份额方面占主导地位。《合作社法》规定,单个社员的资本份额上限为 20%,以限制个别社员金融资本水平过高造成社员之间的收益权过分不平衡。此外,根据法律规定,按照交易额/量分配的盈余比例须达到 60% 及以上。这些规定都是为了减少异质性社员(核心社员和普通社员)之间的差距,因为过高的异质性是农民合作社社会资本流失的主要原因之一。相反,较高的社员满意度和评价会提高社员对合作社的忠诚度和承诺度,进而有助于提高经济绩效。

尽管社会资本与收益权分配之间存在明显的互补作用,但所有权或决策权分配方面的正式治理与社会资本之间没有显示出对合作社经济绩效的交互作用。该结果可能只适用于中国的合作社,因为中国合作社的社员对所有权和控制权的意识较低,他们加入合作社主要是为了追求更高的收益,提高收入。尽管《合作社法》规定正式的决策权由全体社员共享,但核心社员在决策中占主导地位,普通社员则通常专注于农业生产,参与资本投资或决策较为有限(Liang 和 Hendrikse,2013a)。这种大多数普通社员对所有权和控制权的忽视可能导致社会资本与所有权和决策权相关治理之间的联系微不足道。正如 Poppo 和 Zenger(2002)所强调的那样,非正式治理与正式治理之间的相互作用非常复杂,其最终结果取决于具体情况。

(四)本章小结

本章使用农民合作社的一手调研数据,通过经验探索性研究,检验了社会资本和正式治理对农民合作社经济绩效的影响。社会资本分为外部和内部两个维度,前者指与外部利益相关者的社会网络,后者包括社员之间的信任、社员和管理者之间的信任、对集体目标的共同理解等,通过因子分析将社会资本的三个维度转换为一个指标变量;正式治理是关于所有权、决策权和收益权再分配,这些权力分别通过股金分配、社员参与决策和利润分配规则来表示;农民合作社的经济绩效以社员的人均利润来衡量。

　　实证结果表明,社会资本和关于利润分配规则的收益权治理结构都对农民合作社的经济绩效具有积极影响,且两者之间具有互补性,当合作社的盈余分配基于交易额的比例较高时,社会资本对经济绩效的影响更大。社会资本和正式治理之间存在部分互补,正式治理某些方面的改善有利于社会资本更好地发挥作用。这些实证结果对期望提高农民合作社经济绩效的实践者和政府都提供了较好的启示,且该结果也可能适用于其他类型的组织。

六、农民合作社中社会资本的
益处和困境

前文已经证实社会资本对合作社经营收入和社员人均利润均具有正向作用。尽管经济绩效是评估企业绩效最常见的指标,然而农民合作社的绩效具有经济和社会目标的双重属性,因此应对合作社多方面的绩效进行考察。Franken 和 Cook(2015)提出了一种更具包容性的衡量合作社绩效的方法,其中包括对财务比率和绩效的其他方面的评估,如社会评价和社员满意度。因此,本章拓展前两章关于社会资本对合作社经济绩效的影响研究,进一步分析社会资本各个更为细致的维度对农民合作社经济和非经济绩效的影响,具体来说,包含以下研究问题:第一,合作社的经济和非经济绩效包含哪些内容;第二,社会资本对农民合作社绩效的影响如何;第三,不同维度社会资本对农民合作社是否存在不同作用。

本章在关于社会资本和合作社相关研究中的主要贡献有以下两个方面。首先,对社会资本可能带来的困境进行了专门的探讨,而不仅仅是分析社会资本带来的益处。在先前的研究中对社会资本的益处进行了广泛的分析,但很少关注社会资本的困境。其次,本章试图探讨合作社的多种绩效。由于合作社同时具有经济和非经济目标,不应从单个或其他孤立的角度来研究它的绩效,因此本章从组织、社员和社会绩效三个方面衡量合作社的经济和非经济绩效。

(一)社会资本的两面性

本节分析了社会资本可能为合作社带来的益处和困境,并简要梳理了有关农民合作社中社会资本的相关研究。

1.社会资本对组织绩效的正面影响

组织竞争优势的来源之一为其拥有的社会资本。组织的外部社会资本促进了信息交流和资源流动,节省了交易成本,并促进了产品创新(Knack 和 Keefer,1997;Pennings 等,1998;Robison 等,2002;Schiele 等,2015)。换句话说,它降低了机会主义的风险并保持了顺畅的合作(Lins 等,2017;Raub 和 Weessie,1990)。正如 Nahapiet 和 Ghoshal(1998)所强调的那样,一个人拥有的信息决定了其可利用的资源。

组织内部的社会资本促进了智力资本的创造,并对承诺合理性和工作灵活性产生积极影响(Nahapiet 和 Ghoshal,1998;Pearson 等,2008)。社会资本的生产潜力在于其促进人力资本或智力资本建设的能力(Florin 等,2003;Semrau 和 Hopp,2016)。组织成员之间的联系可以促进任务的协调并克服合作的困境(Gargiulo 和 Benassi,2000)。Edelman 等(2004)表达了类似的观点,认为社会资本可以使社员具有凝聚力和认同感。因此,社员往往更倾向于以高水平社会资本为特征的组织。此外,维持合作所需的正式合约相对较少,灵活性更高。

2.社会资本对组织绩效的负面影响

一些学者注意到社会资本可能也会对组织产生一些不利的影响。Adler 和 Kwon(2002)指出,社会资本具有有利和不利的两面性。社会资本的存在可能会带来三个方面的困境。第一,如果组织对某种关系过度投入,可能会在建立和维护社会资本方面进行过度投资。社会资本的存在也可能使网络中其他人对成功社员施加过多的要求(Portes,2014)。因此,社会资本投资可能是低效的,因为维持某些联系的成本很高。此外,Hanses(1993)发现,与联系相对较弱的团队相比,联系紧密的团队与其他团队合作时完成任务所需的时间更长。

第二,联系较紧密的网络对外部的排斥性容易造成资源的本土化,从而限制其多样性。关系网络中成员的强烈身份识别会导致整个系统的碎片化,从而导致基于依赖的文化(Eklinder-Frick 等,2011;Eklinder-Frick 等,2012)和信息交换的效率低下,此外,也可能会导致错过其他广泛合作的机会。Granovetter(1985),Gargiulo 和 Benassi(2000)指出,交易者之间紧密的联系导致关系的封闭性和谈判时缺乏自主权,这种联系阻碍了绩效的提升。相反,那些不参与紧密联系的社交网络的人则有更多机会寻找交易者或寻求更优惠的条件。一方面,信息的流入可能会由于关系封闭而受到阻碍。Locke 等(1999)认识到利用社会资本存在风险,例如失去有用的信息以及与网络外部利益相关者的交流,他们强调,高管之间牢固的个人联系可以促进高管之间的沟通,但同时也隔离了那些联系之外的人和资源。另一方面,社会资本的可能困境还在于负面的外部性,即关系网络的封闭阻碍了有价值的信息流向更广泛的利益相关者(Adler 和 Kwon,2002)。

第三,社会资本可能会阻碍组织中新思想的产生和创新。某些关系网络中的成员资格可能会导致排除从其他渠道获得新知识,并阻碍创新思想的采用(Edelman 等,2004;Portes 和 Sensenbrenner,1993;Weber 和 Weber,2011)。社区或网络中的过度嵌入会使得组织在采用或创造新想法时产生惰性(Gargiulo 和 Bernassi,1999)。此外,紧密联系的关系网络中的社会资本可能会导致搭便车行为并阻碍创新思想(Portes,2014)。因此,社会资本的这些潜在困境可能会对组织绩效造成负面结果。

3.农民合作社的社会资本

尽管关于一般企业的社会资本有较为丰富的研究,但对农民合作社的研究相对有限,研究者主要有 Valentinov(2004)、Nilsson 等(2012)、Ruben 和 Heras(2012)、Liang 等(2015a)、鞠立瑜与傅新红等(2012)、崔宝玉(2015)、张连刚和柳娥(2015)、戈锦文等(2016)、李旭和李雪(2019)等。

合作社是基于异质性社员资格的垂直整合的组织,不同社员团体拥有的社会资本可能不同。农民合作社的核心社员利用外部的"关系"来寻求更好的市场机会并从政府那里获取资源,同时协调社员以提供合格的产品(Liang 和 Hendrikse,2013a)。普通社员与合作社的管理者和其他社员交换信息,但是利用"关系"来获取外部资源的能力则非常有限(Liang 等,2015a)。因此,需要考虑农民合作社所拥有的社会资本的各个维度,以及这些社会资本维度的正面和负面影响。

(二)研究方法

本节描述了统计分析中使用的数据,说明了因变量、自变量和控制变量的衡量方式,并建立了统计模型。

1. 样　本

由于产品属性的不同,社员之间、管理者与外部利益相关者之间的沟通方式和关系也可能不同,这导致了合作社中社会资本的不同存量。此外,合作社的绩效很大程度上也取决于产品。基于此,本书将样本限制在蔬菜合作社,以控制与产品特性相关的合作社和社会资本的异质性。蔬菜合作社主要为社员提供投入和技术服务,收购社员的产品,并销售给批发市场、零售商或消费者。一些合作社还进行初级加工,例如分级和包装,甚至深加工。相对于散户,合作社在垂直整合、提高产品质量和增加产品附加值方面具有一定程度的优势。

在调查过程中使用分层抽样方法来选择合作社样本。首先,根据生产强度和目标市场,有目的地选择河北省和浙江省作为抽样区域。根据蔬菜生产面积和消费强度,选择河北省和浙江省作为抽样区域。河北省是中国最大的蔬菜产区之一,2018 年,河北省蔬菜生产面积和产量分别超过 78.76 万公顷和 515.54 万吨。① 浙江省则是长三角地区的主要蔬菜产区,2018 年,浙江省的蔬菜生产面积为 36.90 万公顷,产量为 188.84 万吨。② 浙江省的蔬菜产量在中国居于中等位置,在增加农民收入方面有着非常重要的作用。农民合作社在这两个省份的蔬菜生产和销售中发挥着重要作用,河北省当前有蔬菜合作社 17953 家,浙江省有 6868 家,为国内拥有蔬菜合作社数量较多的省份。③此外,两个省份的经济和市场环境有所不同(Huang 等,2008),因此也形成了较好的对比。

在第二阶段,基于初步设计的结构性问卷,于 2014 年 8 月在河北省和浙江省对蔬菜合作社进行了预调查。调查人员与负责蔬菜行业管理的各个政府部门的官员进行了面对面的访谈,以了解蔬菜合作社的概况,包括当地的蔬菜生产和销售情况。然后,选取了一些蔬菜合作社进行参观,并采访了合作社理事长和社员,对结构化问卷进行多次预测试,并对问卷进行了数次修订。根据受访者的反馈,将问卷中内容尽量设置为被调查者易于理解且能够迅速做出反应的问题。

---

① 数据来源:《中国农村统计年鉴(2019)》。
② 数据来源:《中国农村统计年鉴(2019)》。
③ 数据来源:《中国农村经营管理统计年报(2018)》。

在第三阶段,通过随机抽样方法选择合作社和社员。通过对河北省和浙江省相关政府部门官员的面对面采访,了解当地的蔬菜生产和销售情况,并根据蔬菜生产强度和品种选择了河北省和浙江省的 12 个县,在每个县抽取村庄和合作社,随机选取了 57 个拥有蔬菜合作社的村庄。正式调查于 2015 年7 月至 9 月进行,每家合作社的理事长和 3～5 名农户社员接受了面对面访谈调查。调查人员收集有关组织特征、受访者的个人人口统计信息和社会资本相关数据,同时也确认理事长和社员回答的可靠性。在梳理调研问卷过程中,有 3 份关于合作社的调查问卷和部分关于社员的调查问卷由于缺乏重要信息被作废,最终获得了包含 54 家合作社的 156 位农民社员的调查数据。

2.变量界定和测量

(1)绩　效

与仅追求财务目标的营利性公司不同,合作社具有双重属性,包括经济属性和社会属性,经济利益和非经济目的(例如社会评估)都是合作社的目标。但是,由于非经济因素难以衡量或数据不可获得,往往会被研究人员忽略。本章研究采用 Franken 和 Cook(2015)开发的更具包容性的方法来从多个方面评估合作社绩效。

合作社的经济绩效分别可以在社员层面和组织层面进行评估,前者可通过合作社社员农业收入的增加来衡量,后者可用合作社前一年度的净利润来衡量。之所以衡量社员收入提高的程度而不是实际收入,主要基于两个方面的原因。首先,合作社在增加低收入农户的收入方面可能比高收入农民发挥更大的作用(Markelova 等,2009)。低收入社员由于生产规模较小和市场地位较弱而更加依赖合作社。如果只衡量社员的收入,则可能会低估合作社在增加小农户收入方面的影响力。其次,社员的不可观察特征可能导致收入和社会资本之间的内生性和双向因果关系问题,而调查所收集的横截面数据则无法控制该问题。因此,农户加入合作社后收入增长的主观评估是衡量合作社社员层面经济绩效的相对较好的指标。

合作社的社会绩效通过合作社的示范等级来衡量,该等级由政府部门授予。在对农民合作社的示范等级进行评估时,政府部门主要关注以下方面:①服务社员以及当地非社员农民的能力;②合作社的规范管理程度;③规范生产和食品安全管理水平;④品牌建设和绿色、有机产品证书状况;⑤进入市场和减少本地价格波动的能力。合作社示范等级是一个综合指标,可向其利益相关者表明农民合作社的社会影响力和社会形象。政府每年都会正式发布示范合作社名单,该名单可被视为合作社社会贡献的有效指标。合作社被划分为五个级别,分别为国家级示范合作社、省级示范合作社、市级示范合作社、县级示范合作社和普通合作社。政府部门关注的合作社等级评估的五个方面可能与合作社的规模和收入以及影响社员的收入相关,因此需要在进行回归分析之前检查这三个绩效指标之间的相关性问题。统计结果表明,它们之间没有显著关系。

综上所述,将社员增收程度、合作社净利润和合作社示范等级这三个绩效指标作为因变量加以衡量,其中前两个代表合作社的经济绩效,第三个代表合作社的社会绩效。

表 6-1 列出了每个变量的定义及其衡量方式。

表 6-1　变量界定和衡量

变　量	定　义	衡量方式
社员增收程度	加入合作社后的收入增加程度	依据收入增加程度分别赋值1—5
合作社净利润	合作社上年的净利润	10000 元
合作社示范等级	示范合作社等级	1=普通合作社,2=县级示范合作社,3=市级示范合作社,4=省级示范合作社,5=国家级示范合作社
信息共享 1	社员经常与他人共享技术或市场信息	依据认同程度分别赋值1—5
信息共享 2	合作社经常组织技术培训会议	依据认同程度分别赋值1—5
信息共享 3	容易获得市场或技术信息	依据认同程度分别赋值1—5
社员维度信息共享	信息共享 1、2、3 的均值	
合作社维度信息共享	合作社内部社员维度信息共享均值	

续 表

变 量	定 义	衡量方式
信任 1	我相信理事长始终会考虑社员的利益	依据认同程度分别赋值 1—5
信任 2	我相信理事长不会怀疑我的忠诚和承诺	依据认同程度分别赋值 1—5
信任 3	理事长和我互相信任	依据认同程度分别赋值 1—5
信任 4	社员彼此信任	依据认同程度分别赋值 1—5
社员维度信任	信任 1、2、3、4 的均值	
合作社维度信任	合作社内部个人维度信任的均值	
共同目标 1	我知道所在合作社的共同目标	依据认同程度分别赋值 1—5
共同目标 2	所有社员为共同目标奋斗	依据认同程度分别赋值 1—5
社员维度共同目标	共同目标 1 和 2 的均值	
合作社维度共同目标	合作社内部个人共同目标的均值	
供应商社会资本	与理事长保持稳定合作关系的供应商数量	
买家社会资本	与理事长保持稳定合作关系的买家数量	
金融人员社会资本	与理事长保持稳定合作关系的金融机构人员数量	
政府社会资本	理事长与政府的紧密程度	依据紧密程度分别赋值 1—5
位 置	合作社所在省份	1=浙江省,0=河北省
合作社经营年限	合作社经营年限	年
社员规模	社员总数	社员人数

续　表

变　量	定　义	衡量方式
决策制定	股东大会的决策权基于一人一票	1＝一人一票,0＝一股一票或混合规则
理事长的年龄	理事长的年龄	岁
理事长受教育程度	理事长受教育程度	1＝文盲,2＝小学水平,3＝初中水平,4＝高中水平,5＝大专及以上水平
社员年龄	社员年龄	岁
社员受教育程度	社员受教育程度	1＝文盲,2＝小学水平,3＝初中水平,4＝高中水平,5＝大专及以上水平
种植经验	社员的蔬菜种植经历	年

(2)社会资本

由于社会资本的复杂性,本研究在文献综述的基础上将内部社会资本和外部社会资本细分为更详细的成分,以便对社会资本的利弊进行更全面的解释。合作社内部社会资本主要指内部成员之间的联系,它以一种信息和知识交流(Gargiulo 和 Benassi,2000)、信任(Cohen 和 Prusak,2001)以及凝聚力和共享价值(Edelman 等,2004)的形式约束成员并使集体行动发挥功能作用。因此,本研究通过三个指标,即信息共享、信任、共同目标来衡量内部社会资本。由于所有这些变量都是主观的,因此使用李克特五点量表进行度量。

为确保这些指标的可靠性、一维性和有效性,首先使用因子分析对指标进行分析,结果表明,这些变量的各个指标在相同维度上具有高负荷加载。但是,一项"共同目标"指标存在交叉加载问题。因此将其删除,有两个项目可以实现共同目标。其他项目则都具有一维性,具有很高的有效性。可靠性测试表明,Cronbach 的信息共享、信任和共同目标的 α 值分别为 0.678、0.812 和 0.824,这意味着这三个变量的可靠性都很高。

基于这些测算和检验,计算表示相同变量的项目的受访者平均得分,从而获得三个得分,即社员级别的信息共享、信任和共同目标。然后,对这些因子的受访者间有效性和一致性进行检验。三个指标(平均得分)的 ICC(1)(组

内得分的可靠性)均超过 0.3,而 ICC(2)(组内平均得分的可靠性)均超过
0.7,两者均满足组织研究中变量的要求。进而,依次计算每个变量的社员得
分平均值,以获得组织级别的得分。最终获得了组织层面上三个社会资本指
标的得分。

合作社外部社会资本指的是组织间的关系,因此由核心社员与外部利益
相关者的关系进行衡量。农民合作社的外部利益相关者主要包括上游投入
品供应商、下游产品购买者、银行和政府。通常,外部社会资本是由高层管理
人员持有的(Leana 和 Pil,2006)。合作社的负责人是联系组织和外部利益相
关者的关键人物,因此,通过合作社理事长与四种类型的利益相关者的联系
来指定桥梁型社会资本的指标,包括与理事长保持稳定合作关系的供应商、
下游购买者和银行职员的数量,以及理事长与政府之间关系的紧密程度这四
个相应的指标来衡量外部社会资本。

(3)控制变量

合作社的特征,如所在地区、发展年限、社员规模、治理机制和管理能力
等也与合作社的绩效相关(Banaszak,2008;Dejene 和 Regasa,2015;Liang 等,
2015b;Sexton 和 Iskow,1988)。地区差异由省份虚拟变量来衡量,治理机制
由投票权方式(一人一票或其他方式)来衡量,管理能力由合作社理事长的年
龄和受教育程度来衡量。农户的年龄、受教育程度和蔬菜种植经验等人口统
计特征也可能会影响社员收入和合作社绩效。在估计回归模型之前,对这些
控制变量进行了多重共线性检查,未发现存在显著的多重共线性问题。

3.模　型

在三个绩效指标中,社员收入的增加是社员层面的变量,而合作社的社
会资本是组织层面的变量。为了衡量合作社内部社员之间的依赖性,并将其
影响与其他因素分开,本研究采用了两级分层线性模型(HLM)。HLM 是分
析不同层面数据的合适方法,比如同时分析合作社及其社员。

其他两个绩效指标,合作社净利润和示范等级,则是在合作社组织层面
进行衡量的,其中社会资本对净利润的影响通过普通最小二乘回归(Ordinary
Least Square Regression)进行估计,社会资本对合作社示范等级的影响则通
过有序概率回归(Order Probit Regression)进行估计。

(三)实证结果

表 6-2 显示了每个变量的描述性统计,包括平均值、最小值、最大值和标准差。社员增收程度、合作社净利润和示范等级的分布范围都比较广泛。合作社内部的信息共享平均值为 3.71,比中间值略高;合作社内部的信任度平均值为 4.24,明显高于其他内部社会资本指标值;合作社的共同目标指标平均值为 3.61;合作社平均有 3.17 个关系稳定的供应商、9.78 个关系稳定的下游买家和 1.37 个金融职员;合作社理事长与政府部门关系的平均紧密度为3.67,表示理事长与政府之间关系的紧密度相对较高。

表 6-2　变量的描述性统计

	变　量	平均值	标准差	最小值	最大值
绩效变量	社员增收程度	3.34	1.308	1	5
	净利润	92.06	160.56	−200	700
	示范等级	3.30	1.297	1	5
社会资本变量	信息共享	3.71	0.667	1.83	4.78
	信任度	4.24	0.55	2.63	5
	共同目标	3.61	0.792	1.33	4.67
	关系稳定的供应商	3.17	3.994	0	30
	关系稳定的下游买家	9.78	15.953	0	100
	关系稳定的下游金融职员	1.37	1.570	0	6
	政府部门	3.67	1.303	1	5

续　表

变　量		平均值	标准差	最小值	最大值
控制变量	位　置	0.65	0.482	0	1
	合作社经营年限	8.41	3.300	3	16
	社员规模	114.61	199.993	5	1318
	决策制定	0.52	0.504	0	1
	理事长年龄	47.22	7.654	30	62
	理事长受教育程度	3.85	0.899	1	5
	社员年龄	48.63	10.216	25	78
	社员受教育程度	2.93	0.828	1	5
	社员种植经验	14.53	10.699	0	50

表 6-3 显示了社会资本对农民合作社绩效的影响。统计结果表明,社会资本的不同维度具有不同的作用,特定维度的社会资本可能无法实现合作社从业者和学者所期望的收益。不同维度的社会资本对农民合作社绩效具有正负两方面的作用。内部社会资本对普通社员的收入提升和合作社的示范等级具有显著的积极影响;外部社会资本的部分指标对普通社员的收入增长表现出负向影响,而另一些指标则对合作社的净利润和示范等级具有显著的正向影响。总体来说,内部社会资本对社员的经济利益起着更为重要的作用,而外部社会资本则对组织经济和社会绩效更有帮助。

在合作社特征中,合作社所在地区会影响其经济绩效,河北省的合作社的净利润高于浙江省的合作社;成立时间较长的合作社在增加普通社员收入和合作社示范等级方面具有优势;具有较大社员规模的合作社一定程度上能够获得较高的示范等级,采用"一人一票"投票规则的合作社往往具有较低的示范等级;理事长的年龄对合作社净利润具有正向影响;理事长的受教育程度对合作社的示范等级具有正向影响,而对普通社员的收入增长却产生负向影响。

表 6-3　社会资本对合作社绩效的影响

变　量		(1) 社员增收 系数(标准差)	(2) 合作社净利润 系数(标准差)	(3) 合作社示范等级 系数(标准差)
内部社会资本	信息共享维度	0.384 ** (0.0987)	−14.690(36.6259)	−0.193(0.3704)
	信任维度	0.368 ** (0.1360)	7.911(42.2941)	−0.330(0.4142)
	共同目标维度	0.205 * (0.1175)	−29.220(22.2901)	0.717 ** (0.2344)
外部社会资本	供应商	−0.023(0.0261)	2.457(4.3636)	−0.045(0.0450)
	买　家	−0.015(0.0066)	0.633(1.1145)	0.021 *** (0.0112)
	金融职员	0.046(0.0683)	34.980 ** (11.8445)	0.210(0.1416)
	政府部门	0.104(0.0840)	37.870 * (14.0334)	0.791 *** (0.1799)
控制变量	位　置	−0.360(0.2990)	−146.200 ** (6.5482)	−0.293(0.5164)
	合作社经营年限	0.078 * (0.0407)	−5.116(0.0911)	0.126 *** (0.0703)
	社员规模	0.0001(0.0005)	−0.003(37.3385)	0.003 ** (0.0010)
	决策制定	−0.195(0.2156)	44.96(2.4417)	−1.098 ** (0.4016)
	理事长年龄	−0.016(0.0147)	5.303 * (23.0782)	−0.010(0.0252)
	理事长受教育程度	−0.345 ** (0.1323)	−5.385(51.2336)	0.391 *** (0.2345)
	社员年龄	0.011(0.0104)		
	社员受教育程度	0.208(0.1173)		
	种植经验	−0.011(0.0092)		
农户观测值		156		
合作社观测值		54	54	54

注：*** 、** 和 * 分别代表 p 值在 $p < 0.001, p < 0.01$ 和 $p < 0.05$ 水平上显著。

(四)讨　论

1.内部社会资市与合作社绩效

从合作社社员的角度来看,内部社会资本起着重要的作用。所有内部社会资本变量,包括信息共享、信任和社员的共同目标,均对普通社员的收入增长具有显著的积极影响。Nilsson 等(2012)指出,组织内部社会资本的功能可能会随着合作社生命周期的变化而变化,但其功能往往是正向的。本研究的实证结果基本上证实了 Nilsson 等(2012)的观点,但也存在不一致性。总体来说,内部社会资本对社员的收入增加和合作社的示范等级具有显著的影响,而对合作社的净利润没有显著影响。

技术和市场信息共享对社员的收入增长具有显著的正向影响。合作社的主要功能旨在促进生产技术的创新和采用,并获得市场准入和增值(Abebaw 和 Haile,2013;Ito 等,2012;Jia 等,2012)。这些功能的实现取决于合作社内部有效的信息共享。中国农户的异质性大致表现为企业家与普通农民之间的差距(Liang 等,2015b)。前者主要是合作社理事长和农业技术专家,普通农民则依靠企业家获得先进技术信息和市场信息,这有助于他们增加收入。但是,技术和市场信息共享并没有给合作社净利润的提高或示范等级的获得带来显著作用。

本研究结果表明,合作社中的信任会对社员的经济绩效产生积极影响,这一结果与许多先前的研究结论一致。信任降低了协调成本,并促进了对集体目标的追求(Tsai 和 Ghoshal,1998)。当个人彼此信任时,他们更有可能合作并参与集体行动(Gulati,1995;Nilsson 等,2012)。此外,信任有助于减少代理问题,并使其得到有效控制(Søgaard,1994)。有趣的是,合作社内部的信任对提高合作社的经济绩效或社会绩效没有显著作用。尽管合作社管理者同时考虑组织和社员的利益,但这两方面利益并不总是一致的。

社员的共同目标对普通社员的收入增长和合作社社会绩效均产生积极影响。合作社面临的挑战之一是社员之间要达成共同的目标意识,这对于正经历往更高程度的市场导向和差异性产品转型的合作社尤为重要(Fulton,1999)。这是因为社员的异质性可能会导致社员之间的目标功能不同,从而导致效率低下。尽管核心社员在中国农民合作社中起着至关重要的作用,但他们仍然依靠普通社员所交付的产品,以获得规模经济并维持稳定的产品供应(Liang 等,2015b)。社员意识到其组织的共同目标,为实现这些目标做出努力,这对于取得更好的经济和社会绩效非常重要。

2. 外部社会资本与合作社绩效

外部社会资本对合作社各方面绩效的影响不同。合作社理事长具有的丰富的与下游买家的"关系",能够显著促进合作社的示范等级,但对普通社员的经济绩效却有不利影响。合作社的双重目标使其在经济目标和社会影响力之间往往需要权衡取舍。合作社在早期发展阶段更加重视服务社员和社员满意度,而随着合作社的发展,其后期更加注重经济效益(Nilsson 等,2012)。合作社与买家之间的关系为网络中的社员提供了市场保障,但同时又可能降低灵活性和多样性,因此形成了一个权衡(Gargiulo 和 Benassi,2000)。具体来说,一方面,与买家的长期关系减少了交易成本,例如信息搜索和谈判成本,机会主义行为的风险也降低了;另一方面,如果合作社与固定的合作伙伴进行交易,则会错过追求更好的经济机会。此外,合作社为了识别、发展和维持与他人的关系会产生成本(McFadyen 和 Cannella,2004)。Liang 等(2015a)发现社会资本与合作社收入之间存在正相关关系。换句话说,尽管不同维度的社会资本可能有助于增加收入,但它对于社员的收入则产生不同的影响。因此,合作社理事长与更多买家的密切联系可能会表现出一种针对组织利益而非社员利益的倾向。

合作社理事长与金融职员广泛的"关系"对合作社的净利润具有显著的正向作用。传统合作社由于社员惠顾原则而面临资金短缺(Chaddad 和 Cook,2004)。如今,合作社要么从非社员投资者那里寻求投资,要么向金融组织求助以获取更多资本。中国农民合作社的特点是,初始注册资本主要由少数核心社员出资,而大多数普通社员几乎不出资(Liang 等,2015b)。由于资金来源有限,合作社进一步的投资和发展受到限制。此外,由于合作社的集体所有权性质和未公开上市,导致合作社资产的产权没有明确定义,且固定资产不容易评估,很难从金融组织获得贷款(Feng 和 Hendrikse,2012)。因此,合作社能否获得贷款在很大程度上取决于合作社理事长(以及其他负责人)和金融职员之间的私人"关系"。理事长拥有的金融职员"关系"越多,获得贷款的机会就越多。

合作社理事长与政府部门的良好"关系"对合作社净利润和示范等级呈

现显著的正向影响。在中国农民合作社的产生和发展中，政府发挥着重要作用(Jia 等，2012；Liang 和 Hendrikse，2013a)。为了在商标注册、产品认证等各种活动中获得便利，合作社理事长致力于与政府部门建立"关系"，因为所有这些活动都需要获得相应政府部门的许可。来自政府的资金支持也是促使合作社理事长与政府建立和维护良好"关系"的重要诱因之一。因此，与政府的紧密"关系"为合作社带来了经济利益和良好的社会绩效。

有利于合作社利润的各维度社会资本并不一定会增加社员的收入。该结论与西方国家的合作社情况截然不同，这一点值得讨论。Valentinov(2004)强调，社会资本能够节省市场交易成本，并提高社员的幸福感。随后的经验研究，例如 Nilsson(2012)，Ruben 和 Heras(2012)证实社会资本为合作社带来了收益，也相当于所有社员的收益。但是，中国的合作社面临着这样的悖论：外部社会资本有利于整个合作社的发展，而对普通社员的农业收入却并没有带来增收效果。Liang 等(2015a)指出，核心社员在控制权和收益权上均占主导地位，而普通社员几乎不参与决策。这种社员异质性可以解释合作社社会资本在中国的悖论，因为普通社员的利益不同于核心社员，并不完全与合作社利润相捆绑，因此，社会资本对合作社收入的积极影响并不总是使普通社员受益。

在其他特征方面，河北省的合作社的净利润要高于浙江省的合作社，这可能是由于河北的合作社广泛使用温室大棚，提高了蔬菜的质量和产量。一般来说，年纪较长的理事长在提高合作社的净利润方面要比年轻的理事长表现更好，这意味着管理经验有助于合作社的发展。合作社发展年限对普通社员的收入提高有正向作用，并且能够获得更高的示范等级，这表明，从长远来看，合作社可以稳定地为其社员提供服务并产生收益。合作社理事长的受教育水平正向影响合作社的示范等级，而对普通社员的收入增长却有负面影响。这可能是由于有较高受教育水平的理事长更善于学习政府文件，并根据示范等级标准建立和发展合作社，以获得政府的资金和支持。但是，当理事长(作为核心社员之一)非常重视将资源转移到外部时，他们可能会忽略合作社中普通社员的福利。采用"一人一票"投票规则的合作社的示范等级往往比"一股一票"和混合规则的合作社低，可能是因为传统的"一人一票"规则在制定决策(例如扩大规模、标准化生产、品牌和认证等)时效率较低，使合作社在这些方面的增长缓慢，并在示范等级评定竞争中处于劣势。

（五）本章小结

本章研究基于来自河北省和浙江省 54 家蔬菜合作社的 156 名农户的抽样调查数据，对社会资本在影响农民合作社经济和社会绩效中的作用进行了探索性分析。社会资本分为内部社会资本和外部社会资本两个维度，其中内部社会资本通过技术和市场信息共享、信任以及社员对共同目标的认识来衡量；外部社会资本是指合作社理事长拥有的"关系"，通过理事长与投入品供应商、买家和金融职员之间的联系数量以及与政府部门的亲密程度来衡量。由于合作社在经济和社会两方面以及组织和农民两个层面的多重目标，本章着眼于社会资本对合作社各方面绩效的影响，即社员收入的增加、合作社的净利润和合作社的示范等级，分别代表合作社社员的经济绩效、合作社经济绩效和社会绩效。

统计结果表明，社会资本的某些维度可能无法提供合作从业者和学者所期望的收益，社会资本对农民合作社绩效同时具有正面和负面影响。合作社内部的社会资本对普通社员的经济利益具有显著的促进作用；外部社会资本对合作社的利润和社会绩效产生正向作用，但对普通社员的收入增长产生负面影响，这可能是由于社员的异质性造成的。

未来的研究有两种可能性。首先，由于尚无衡量社会资本的标准化方法，因此对于社会资本的度量可能还有改进的空间。在本研究中，外部社会资本的衡量是基于合作社理事长的反馈，而内部社会资本是基于社员的反馈。如果能够同时对管理者和社员的反馈进行整合，则社会资本的度量可能会更加完善。其次，社会资本对绩效的影响不是一成不变的，可能随着合作社的生命周期发展而变化。因此，考察农民合作社不同发展阶段社会资本的功能具有非常重要的意义。

七、社会资本对农民合作社社员质量安全风险控制行为的影响

食品安全是确保食品按照预期用途进行制作或食用时不会对消费者造成伤害的保证,食品安全事件在过去十年中越来越频繁,引起了公众的高度关注,并提高了消费者的食品安全风险意识(Burlingame 和 Pineiro,2007;Cicia 等,2016;Grunert,2005)。在这种情况下,农民面临的挑战越来越大。一方面,农产品生产中的质量安全管理日益重要(Jayasinghe-Mudalige 和 Henson,2006);另一方面,消费者不仅关注产品本身,还越来越关注其生产过程,例如使用的投入品和生产记录的完整性(Asfaw 等,2009)。

农药残留已成为最近几年环境可持续性和食品安全的重点之一(Zhang 等,2015)。尽管化学用品的投入有助于增加产量,但会造成面源污染和农业生态环境恶化(Sanders,2006;Shen 等,2012)。可以说,生产中的化学污染会对食品安全构成直接挑战。正确使用化肥和农药等化学用品是确保食品安全的源头和关键环节,因为它将被反映在供应链的所有下游环节中,进而影响消费者的健康和安全(Henson 等,2005;Koureas 等,2012;Thongprakaisang 等,2013)。因此,通过适当使用投入物来减少农药残留的强制性措施是解决食品安全问题的关键之一(Carvalho,2006)。

中国正面临着化肥、农药和农膜等化学投入品过度使用的问题。例如,2019 年中国的农用化肥使用量为 5403.6 万吨,是 1994 年的 1.63 倍。但是,2019 年的农作物播种面积仅比 1994 年增加了 11.9%。也就是说,2019 年每单位面积的化肥用量是 1994 年的 1.5 倍。[①] 中国化学投入品的过度使用有多方面的原因。首先,由于人口众多和耕地有限而造成的粮食安全问题使得

---

① 数据来源:《中国统计年鉴 2019》。

农民往往使用更多的化学投入品来增加产量。中国的人均耕地面积约为 0.005 公顷,为世界人均耕地面积的约 1/4。其次,中国的农民大多受教育程度较低,对环境可持续性和食品安全的意识不强。根据 2010 年的人口普查数据,中国农村人口中受教育水平为小学文化程度或以下的占 40.3%,中学文化程度的占 48.1%,高中文化程度的占 11.6%。农民的受教育程度低,对正确使用化学投入品也提出了更多挑战。最后,中国农村的老龄化问题限制了农业生产中新技术和新方法的推广和应用。2019 年,年龄在 60 岁以上的人口比例约为 18.13%,在中国农村地区这一比例甚至更高。[①] 此外,农村地区的大多数年轻人不再从事农业生产,而是倾向于进城打工。

除了社会人口特征、法律、法规以及消费者偏好等环境因素外,农户的生产行为还受到正式制度和非正式制度的影响(Nkamleu 和 Adesina,2000;Knowler 和 Bradshaw,2007;Zhou 等,2015)。社会资本是非正式制度的一个关键方面,是最重要的因素之一(Knowler 和 Bradshaw,2007;Sidibé,2005)。Adler 和 Kwon(2002)将社会资本定义为基于社会人际关系的宝贵资产。但是,关注社会资本对化学品投入使用的影响的研究几乎没有。本章试图考察合作社社会资本对农户使用化学投入品行为的影响。

本章的结构如下,第一节梳理了影响农户化学投入品使用行为的影响因素和社会资本对其作用的相关文献;第二节介绍本章的研究方法,包括样本和数据、实证模型、变量的选择等;第三节是实证结果和讨论;最后对本章进行总结并提出未来研究的可能。

(一)社会资本与农产品质量安全风险控制

1. 农户食品安全风险控制和化学投入品使用行为的影响因素

通过系统的文献梳理可知,生产中影响农户食品安全风险控制行为的一系列潜在因素主要包括以下几个方面。第一,农户的社会人口统计学特征和农场特征,其中年龄、受教育程度、农场规模和土地使用权状况等都可能是农户的质量安全风险控制行为的关键影响因素(Zhang 等,2016)。农户的人力

---

① 数据来源:《中国统计年鉴 2020》。

资本(主要通过工作经验来衡量)、闲暇活动和风险态度也影响着其食品安全风险控制措施的采用(Cary 等,2002)。农场的位置往往表示资源获取的难易程度,一般通过农场到市场的距离来衡量,也是农户食品安全风险控制行为的重要影响因素(Baumgart-Getz 等,2012)。

第二,在经验研究中被广泛认可的环境驱动因素有法律法规、政府支持、经济水平和需求特殊性等(Codron 等,2014;Zhou 等,2015)。其中法律法规包括公共法律和规章,以及由下游购买者、加工者和零售商所强加的食品安全私人标准。法律法规和政府支持都可以加强农户的食品安全风险控制措施(Unnevehr 和 Hoffmann,2015)。对食品安全的规范越严,政府的干预越强,生产者越趋向于采取更高的质量安全风险控制措施(Codron 等,2014)。此外,需求方的市场特征也能够影响食品安全管理或生产中的可持续实践(Codron 等,2014;Unnevehr 和 Hoffmann,2015)。

第三,所有权结构特征,即农户与下游买家之间的交易和合约模式,对农户的食品安全风险控制措施采纳具有影响。现有一些研究结果表明,农民的组织参与对农户采用良好农业规范(GAP)有显著的积极影响(Asfaw 等,2009;Monteiro 和 Caswell,2009)。① 相反,Zhou 等(2015)发现,家庭农场和销售给农业企业的农户比农民合作社社员的食品安全风险控制水平更高。类似的,Zhou 和 Jin(2009)也发现,与农业企业相比,农民合作社采用的食品质量安全标准较低,这可能是由以集体所有权和受益权为特征的合作社治理结构特点所决定的。

有大量证据表明,非正式制度与正式制度环境对于农户行为的影响也非常重要(Nilsson 和 Hendrikse,2011)。农户行为的控制和协调不仅需要正式制度的约束来实现,而且可以通过诸如社会资本等非正式制度来节省监督和交易成本(Borgen,2001)。少数研究认为,社会资本作为非正式制度的主要内容,会影响农户的产品质量和安全风险控制措施,然而现有研究没有进一步对这种影响进行实证检验。Chloupkova 等(2003)基于乳制品业的案例研究证实,由于存在社会控制机制,农户会提供相对更高质量的产品。Zhang 等(2016)强调,各方在供应链上的合作以及供应链成员之间的信息共享是促使食品企业质量安全风险控制的重要因素。

---

① GAP(良好农业规范)是一组原则,适用于农场生产和后期生产过程,在确保经济、社会和环境可持续性(FAO)的同时,提供安全健康的食品和非食品农产品。

　　关于影响农户农业生产投入品使用的因素所受到的关注比较有限。Ogutu 等(2014)发现市场信息技术的可得性与包括种子和肥料在内的投入品使用之间存在显著联系。化学投入品的使用受到农民社会经济因素的影响,例如受教育情况、土地所有权情况和地理位置(Nkamleu 和 Adesina,2000)以及农作物价格(Bayramoglu 和 Chakir,2016)。Asfaw 等(2009)调查了肯尼亚的出口蔬菜产业,发现进口国欧盟国家的食品安全标准对农户的农药使用有显著影响。根据 SAIN(2010)的报告,对农户进行集约化的生产指导可使化肥和农药的使用量减少 30%。此外,进入市场和获得金融资本的困难,可能会减少农户使用更好的投入品的动力(Okello 等,2009)。

2.社会资本与食品安全风险控制

(1)社会资本的定义与衡量

　　在过去的 20 年中,社会资本已被广泛用于社会学、经济学和政治学的研究(Beugelsdijk 和 van Schaik,2005;Fukuyama,2001;Knack 和 Keefer,1997;Malecki,2012;Putnam,1993)。Coleman(1988)首次将社会资本应用于研究中,通过其功能定义社会资本是行为者(人或公司)之间的关系,其促进了社会结构中行为者的某些行为。也就是说,行为者是从特定的社会结构中获得资源的,然后用于追求自己的利益(Baker,1990)。Burt(1992)将社会资本定义为朋友、同事和更广泛的联系者,通过这些联系,可以获得使用金融和人力资本的机会。同样,Brehm 和 Rahn(1997)提出,个人层面的社会资本可以通过社区参与和他人信任之间的相互关系来衡量。组织的社会资本是组织内部的一种资源,可以通过两个指标来衡量:成员的集体目标取向和共享信任(Leana 和 Van Buren,1999)。相比之下,Pennings 等(1998)将组织的社会资本定义为外部资源,具体来说,指的是企业成员与潜在客户的联系。社会资本通过规则执行和社会控制来影响行为。社会资本的作用是获取信息、降低交易成本、促进参与、促进合作和集体行动等(Morrison 等,2011;Sajeev 和 Gangadharappa,2010)。

　　现有文献中对于社会资本的衡量方式各有不同,往往取决于分析的视角和研究主题(Gallaher 等,2013;Krishna,2002)。关于衡量社会资本的标准化方法目前尚无共识。Putnam(1993)提出了一种由网络、规范和信任表示的对宏观层面社会资本的普遍度量。网络是指社会关系;规范是指哪些行为是可接受的或者不可接受的;而信任是面对不确定性、风险和机会主义时他人的信心。组织内部社会资本大致由结构、认知和关系维度来表示(Nahapiet 和 Ghoshal,1998)。社会资本的结构维度是促进交易和获取资源的社会网络;关系维度与组织内的信任和可信度有关;认知维度是在组织中创建集体取向和行动的共同愿景。一些学者区分桥梁型和认知型社会资本,也称为外部和内部社会资本。前者涉及与异质群体的外部关系,而后者涉及与相对同质的成员之间的联系(Adler 和 Kwon,2002)。一些学者将信任作为社会资本的核心(Nilsson 等,2012)。在实际调查中,往往使用代理指标来衡量社会资本的各个方面。社会资本也可以通过诸如信任博弈之类的实验来衡量(Bouma 等,2008;Glaeser 等,2000)。

(2)社会资本与农户的生产行为

虽然关于社会资本的研究非常丰富,但专门研究社会资本与农户生产行为关系的文献相对有限。社会资本已被公认为是农业创新的关键影响因素之一,例如其在新技术、化学投入品、作物品种、机械和生产实践等的采纳上的作用(Cohen 和 Levinthal,1990;Gellynck 等,2015;Keskin,2006;Vinding,2006;Micheels 和 Nolan,2016;Tepic 等,2012;van Rijn 等,2012)。农户的生产行为不仅与投入物、农作物品种和农业机械的选择有关,而且与使用和组织它们的方式有关(Aguilar-Gallegos 等,2015)。

社会资本在一定程度上对农户采用农作物品种和多样性产生重要影响(Alam 等,2016;Sajeev 和 Gangadharappa,2010)。一些学者关注社会资本在投入品使用中对改进技术和管理方式的作用,例如水土保持措施、土壤肥力技术、集体灌溉管理以及对农田的投资等(Teshome 等,2016;Wossen 等,2015)。Micheels 和 Nolan(2016)研究了社会资本对农业综合创新的影响,其影响范围包括产品类型的变化、肥料的施用和标识方法的变化等各种行为。同样,Van Rijn 等(2012)探讨了社会资本的其他维度如何影响土壤和肥力管理、作物管理、产后管理等方面的一系列创新。在与农业创新实践的采用相关的各种因素中,社会资本似乎是最重要和稳定的因素之一(Knowler 和 Bradshaw,2007;Sidibé,2005)。然而,几乎没有人关注社会资本对化学投入品使用的影响。

社会资本能够促进农业生产中的创新和各种收益,原因有多个方面。首先,它增加了农户获得信息的机会,包括各种知识和资源(Mills 等,2011)。

企业融入正式和非正式形式的知识网络中的程度也对采用农业创新的程度
有重要影响（Micheels 和 Nolan,2016）。其次,社会资本的关键作用在于其
促进了沟通,并且对集体行动与合作至关重要（Gargiulo 和 Benassi,2000;
Putnam,1995）。较高的社会资本水平能够节省各方之间的交易成本,因为合
同无法对所有突发事件都进行规定（Fukuyama,2001）。最后,社区或组织中
大量的社会资本有助于建立认同感,从而减少机会主义行为并提高忠诚度
（Edelman 等,2004）。共同的愿景和认同感使社区内成员在面对不可预见的
漏洞时减少机会主义行为。然而,尽管社会资本有各种好处,但过多的社会
资本也可能导致网络的封闭,从而限制获取广泛信息的机会并减少创新
（Gargiulo 和 Benassi,2000;Locke 等,1999;Portes 和 Sensenbrenner,1993）。

(二)方法论

1. 样　本

由于不同产品的化肥和农药类型及使用方式不同,本章选取蔬菜行业作
为研究对象。蔬菜生产的特点是生长期短,生产过程中对水和肥料的需求较
大,且易遭受各种病虫害,易腐烂,因而可能会使用较多的农药,这增加了其
食品安全风险（周洁红,2006）。可以说,蔬菜中使用的化学投入品数量远远
多于粮食作物。根据《全国农产品成本收益资料汇编(2019)》,2018 年三类主
要粮食作物(水稻、小麦和玉米)的亩均化肥使用量为 24.91 千克,而蔬菜的亩
均化肥使用量为 42.28 千克。2018 年这三类主要粮食作物和蔬菜的亩均农
药花费分别为 139.02 元和 345.15 元。也就是说,每亩蔬菜所用肥料使用量
是粮食作物的 1.7 倍,农药成本则是粮食作物的 2.5 倍。

本章使用的数据与第六章中数据相同,原数据来自河北和浙江两省,经
过对数据的筛查,排除了与本章关键变量相关数据缺失的文件,最终构建了
一个由 47 家合作社和 145 个农户组成的数据库,用于本章的实证分析。

本实证研究只选取加入合作社的农户社员为对象,以控制与所有权结构
相关的社会资本差异。这是因为合作社是一种能够培育社会资本的组织
（Brehm 和 Rahn,1997）,参与合作社可以增加农户的社会资本（Liang 等,
2015）。截至 2018 年底,中国农民合作社数量达 1891933,其中近 9% 为蔬菜
合作社。河北省和浙江省的蔬菜合作社数量分别为 17953 家和 6868 家,在中

国 31 个省区市中分别排名第二和第十。①

2.模型

本研究建立了多元 logit 模型,以检验社会资本对农户的化学投入品使用行为的影响,它是二元 logit 回归的简单扩展,适用于多类别离散因变量。本模型的因变量通过农户的化肥和农药使用方式的多元选择来衡量。因而构建以下模型:

$$Pr\left(Y = m/X\right) = \frac{\exp\left(X\beta_m\right)}{\sum_{j=1}^{J} \exp\left(X\beta_j\right)}, \text{for } m = 1, \cdots, J$$

其中,Y 为第 j 种因变量指标,其中 $j = 1, \cdots, J$,令 X 为含有 J 个独立自变量的向量和截距常量,m 表示在 X 水平下结果变量的概率,向量 β_m 反映 X 对 Y 的影响。

3.变量和度量

表 7-1 对模型中包含的每个变量进行了定义。因变量用农户的化肥和农药使用依据来表示,即基于政府的指导、基于合作社的指导和监督、根据自己的经验和包装上的指示使用化学投入品,分别赋值为 1、2、3。社会资本历来缺乏统一的衡量方式(Fukuyama,2001)。本研究在问卷中使用了 10 个潜在项目来衡量社会资本,并对这 10 个项目进行归类,包括合作社内部的沟通、信任和社员之间的共同目标意识 3 个维度的社会资本。通过对每个社会资本维度的所有项目进行因素分析,以形成综合性代理指标。

模型中还包含一系列控制变量。可能影响农户使用化学投入品的方式的因素主要分为两个方面:农民个人的社会经济因素和环境因素。前者包括农民的人口特征和农场特征,如性别、年龄、受教育程度、经验、蔬菜收入和土地使用权状况等(Nkamleu 和 Adesina,2000)。农户的化学投入品使用还可能与自然条件、经济水平、法规、政府支持和消费者偏好等环境因素有关(Codron 等,2014;Fernandez-Cornejo 和 Ferraioli,1999)。

---

① 数据来源:《中国农村经营管理统计年报(2018)》。

表 7-1　变量定义

变量名	定　义
因变量	
化学投入品 使用依据	1＝根据自己的经验和包装上的说明,2＝在政府的指导下,3＝在合作社的指导和监督下
自变量	
沟　通	(1)向管理层咨询或技术共享 (2)向管理层咨询或分享市场信息 (3)与其他社员协商或共享技术 (4)与其他社员协商或共享市场信息 (1＝是,0＝否)
信　任	(1)合作社的管理者始终关心所有社员的利益 (2)管理层与社员之间有着高度的信任,社员之间高度信任 (1＝强烈不同意,2＝不同意,3＝不确定,4＝同意,5＝强烈同意)
共同目标	(1)我了解合作社的财务状况和盈利能力 (2)我了解合作社的组织目标 (3)所有社员共同努力以实现合作社的共同目标 (1＝强烈不同意,2＝不同意,3＝不确定,4＝同意,5＝强烈同意)
性　别	1＝男性,0＝女性
年　龄	受访者年龄(岁)
受教育程度	1＝未受正规教育,2＝小学,3＝中学,4＝高中或中等职业学校,5＝大专及以上
经　验	种植蔬菜的年限
土地使用权状况	出租土地占全部土地的比例
蔬菜收入	种植蔬菜总收入
位　置	受访者居住的城市

(三)实证结果与讨论

1.样市的描述性分析

表 7-2 显示了有关样本基本特征的描述性统计。在所有被调查的农民中,男性占 84.83%,女性占 15.17%;接受调查的农民平均年龄为 48.88 岁;大多数农民(52.41%)具有中学文化程度,其次是小学(22.07%);农民从事蔬菜种植的平均时间已超过 13 年;农民的平均蔬菜总收入为 22.52 万元;48.4% 的土地是从他人那里租的。关于社会资本,大多数社员(85.30%)与管理层或其他社员共享技术和市场信息;社员之间以及管理层与社员之间的信任度很高,基于五点量表进行评估的得分为 4.228 分;"共同目标"的得分是 2.952 分(满分 5 分),这表明合作社社员对共同目标并不十分了解。

表 7-2 变量的描述性统计

变 量	均 值	标准差
沟通维度(Cronbach's alpha=0.849)	0.853	0.293
是否向管理者咨询或分享技术问题	0.828	0.379
是否向管理者咨询或分享市场信息	0.807	0.396
是否向普通社员咨询或分享技术问题	0.903	0.296
是否向普通社员咨询或分享市场信息	0.876	0.331
信任维度(Cronbach's alpha=0.821)	4.228	0.809
合作社的管理层始终关心所有社员的利益	4.241	0.981
管理层与社员之间高度信任	4.317	0.911
社员之间高度信任	4.124	0.935
共同目标维度(Cronbach's alpha=0.755)	2.952	1.177
我了解合作社的财务状况和盈利能力	2.317	1.494
我了解合作社的组织目标	2.910	1.394
所有社员共同努力以实现合作社共同目标	3.628	1.419
性　别	0.848	0.360
年　龄	48.88	10.39

变　量	均　值	标准差
受教育程度	2.924	0.851
经　历	13.35	9.024
土地使用权状况	0.484	0.398
蔬菜收入	22.524	62.261

2.社会资本因子分析

在进行计量分析之前,首先使用因子分析识别社会资本的要素,确定哪些问题是社会资本的要素,哪些则与社会资本无关。换句话说,该分析允许识别可能存在的任何一般因素,以及可能被识别为社会资本的独立组成部分的一系列特定因素。

表 7-3 列出了调查表中每个社会资本项目的特征值、方差百分比和累计方差百分比。当特征值超过 1 时,则保留该项目(Kaiser,1958)。

社会资本因子的类别采用最大方差旋转法来确定(Kaiser,1958)。首先,使用主成分分析从经验上确定了社会资本的三个维度,这些维度可以解释约 97.5% 的总方差。沟通维度由 Cronbach 的 α 值为 0.849 的四个项目描述,包含"是否向管理者咨询或分享市场信息""是否向管理者咨询或分享技术问题""是否向普通社员咨询或分享市场信息""是否向普通社员咨询或分享技术问题"四个问题。信任和共同目标维度分别由三个项目描述,其 Cronbach 的 α 值分别为 0.821 和 0.755,表明评价的内部一致性很高。进而,执行因子轴的旋转以增加原始变量和公因子之间的相关性,以增强代理指标的解释力度。最后,经验模型中包含的代理指标通过计算出的组间评分来衡量。

表 7-3　因子分析结果

项　目	特征值	方差百分比/%	累计方差百分比/%
1	3.985	0.581	0.581
2	1.533	0.223	0.804
3	1.175	0.171	0.975
4	0.584	0.0851	1.060

续　表

项　目	特征值	方差百分比/%	累计方差百分比/%
5	0.155	0.0226	1.083
6	0.143	0.0209	1.104
7	0.0906	0.0132	1.117
8	0.0165	0.00240	1.119
9	−0.0775	−0.0113	1.108
10	−0.135	−0.0196	1.088
11	−0.172	−0.0250	1.063
12	−0.179	−0.0261	1.037
13	−0.255	−0.0372	1.000

3.社会资本对化学投入品使用方式的影响

如表 7-4 所示,大多数农民(56.55%)根据自己的经验和包装上的说明使用肥料,在政府指导下使用的占 33.10%,在合作社的指导和监督下使用的占 10.34%。在农药使用方式上,有 53.10% 的被调查者根据自己的经验和包装上的说明使用农药,其次是在合作社的指导和监督下使用农药(36.55%),只有小部分农民(10.34%)在政府的指导下使用农药。

表 7-4　化学投入品使用方式

化学投入品的使用方式	使用肥料的农民/%	使用农药的农民/%
根据自己的经验和包装上的说明	56.55	53.10
在政府的指导下使用	33.10	10.34
在合作社的指导和监督下使用	10.34	36.55

在对模型进行估计之前,首先通过 Hausman 检验以确定数据是否符合不相干选择的无关性假设,p 值结果表明该假设成立,因此,多元 logit 模型适合这些数据。

表 7-5 和表 7-6 分别显示了社会资本对化肥和农药使用方式的影响。在所有情况下,基于个人经验和知识使用的方式均被视为参照组。两个回归模型显著性检验的 χ^2 值分别为 41.45($p<0.01$)和 39.41($p<0.01$),表明某些

预测变量可以预测农户的化学投入品使用方式。除了估计的系数外,还对优势比进行计算,以显示在参照组中选择一种结果类别的可能性。高于1的优势比说明,较高的自变量值会增加预测农户基于政府指导或在合作社指导相对于个人经验进行使用的可能性,值小于1表示相反。

如表7-5所示,社会资本三个维度的比率均大于1,表明社会资本对农户依赖于政府和合作社指导下使用肥料的可能性表现出正效应,而共同目标在5%的水平上显著为正。因此,社会资本的共同目标因子提高1个单位能够使农户通过政府指导来使用化肥的可能性增加到1.77倍,在合作社监督之下使用化肥的可能性增加到1.96倍。因此,在经济激励措施效力较低的情况下,对共同目标的认识特别有价值(Leana和Pil,2006)。鉴于下游购买者和消费者对生产中使用的化学投入品的信息不对称,农户可以采取机会主义的行为,根据自己的经验来使用投入品以节省时间,或使用质量较低的投入品以节约经济成本,而合作社社员对于共同目标的意识能够激励他们遵循政府或合作社的指导意见来科学使用化肥。

此外,流转土地面积越大,农户越倾向于按照自己的经验来使用化肥。蔬菜种植收入较高的农民则在政府的指导下使用肥料的可能性越大。农民的性别、年龄、受教育程度以及从事蔬菜生产的年份对其化肥使用方式都没有影响。

表 7-5　社会资本对合作社社员化肥使用行为的影响

变　量	在政府的指导下使用		在合作社的指导和监督下使用	
	系　数	比　率	系　数	比　率
沟　通	0.297	1.346	0.104	1.109
信　任	0.285	1.330	0.400	1.492
共同目标	0.570**	1.769**	0.674**	1.962**
性　别	0.198	1.220	−1.156	0.315
年　龄	−0.026	0.974	−0.053	0.949
受教育程度	−0.044	0.957	−0.084	0.920
土地使用权状况	−1.068*	0.344*	−0.939	0.391
经　历	0.007	1.007	0.025	1.025
蔬菜种植收入	0.011**	1.011**	0.004	1.004

续 表

变 量	在政府的指导下使用		在合作社的指导和监督下使用	
	系 数	比 率	系 数	比 率
位置:浙江	−0.632	0.531	1.764*	5.837*
常数项	1.185	3.272	0.637	1.890
观测值	145			
Log likelihood	−113.112			
LR chi^2	41.45			
Pseudo R^2	0.155			
Prob>chi^2	0.003			

注:***、**和*分别代表 p 值在 $p<0.001$,$p<0.01$ 和 $p<0.05$ 水平上显著。

表 7-6 列出了社会资本对农户的农药使用方式的影响。在合作社的指导和监督下,社会资本的三个维度都对农户的农药使用方式产生了显著的影响。沟通、信任和共同目标维度每增加一个单位,能够使农户在合作社的指导和监督下使用农药的可能性分别增加到 1.94 倍、1.49 倍和 1.53 倍。

表 7-6 社会资本对合作社社员农药使用行为的影响

变 量	在政府的指导下使用		在合作社的指导和监督下使用	
	系 数	比 率	系 数	比 率
沟 通	−0.069	0.934	0.661**	1.937**
信 任	−0.295	0.744	0.400*	1.493*
共同目标	0.034	1.034	0.428**	1.534**
性 别	−0.540	0.582	−0.932	0.394
年 龄	−0.017	0.983	−0.053**	0.949**
受教育程度	0.575	1.776	−0.108	0.897
土地使用权状况	−0.067	0.935	−0.948*	0.388*
经 历	−0.045	0.956	−0.010	0.990
蔬菜种植收入	0.005	1.005	0.012*	1.012*

续　表

变　量	在政府的指导下使用		在合作社的指导和监督下使用	
	系　数	比　率	系　数	比　率
位置:浙江	0.586	1.797	0.092	1.096
常数项	2.027	0.132	3.425**	30.726
观测值	145			
Log likelihood	−116.40			
LR chi²	39.41			
Pseudo R²	0.145			
Prob＞chi²	0.006			

注:***、**和*分别代表 p 值在 $p<0.001$, $p<0.01$ 和 $p<0.05$ 水平上显著。

当社员之间或社员与管理者之间有更多的交流时,能够提高农户按照合作社指导来使用农药的可能性。这可以由以下几方面的原因进行解释。首先,这种交流扩大了农户对技术和市场信息的了解,同时降低了获取信息的成本。其次,密集而有效的交流增进了相互理解,促进了集体行动(Liang等,2015)。这种沟通加强了成员对组织的承诺(Fulton,1999;Österberg 和 Nilsson,2009)。以 Bijman(2002)研究的 Greenery 合作社为例,管理层与成员之间缺乏沟通会导致成员的不满。最后,充分的沟通和互动有助于建立和维护社会资本的其他方面,例如信任和共同认知(Granovetter,1985);成员与管理者之间的频繁交流帮助成员理解合作社的目标,并可能增强信任(Barraud-Didier 等,2012)。因此,适当的沟通政策对于管理农户在生产中的行为至关重要。

社员之间的信任以及社员与管理者之间的信任对农户的农药使用方式有显著影响,合作社内部信任度越高,农户通过合作社的指导使用农药的可能性越大。以往的大量研究表明,信任能够促进个人之间的合作(Nahapiet 和 Ghoshal,1998;Putnam,1993)。当个人彼此信任时,他们更有可能合作并参与集体行动(Gulati,1995)。由于集体所有权和控制权,合作社组织内部通常比利润导向企业具有更高的信任水平(James 和 Sykuta,2006;Borgen,2001;Österberg 和 Nilsson,2009;Sykuta 和 Cook,2001)。合作社内部缺乏信任或信任程度低,意味着社员关系相对松散,生产或产品交付中的承诺不足(Nilsson 等,2012)。在这种情况下,农户往往倾向于根据自己的经验而不是依靠外部指导来使用农药。相反地，社员之间的信任和对合作社的信任使他们愿意接受合作社的指导和控制(Søgaard,1994)。

农户对共同目标的意识越强，显示出按照合作社指导和监督来使用农药的依赖程度越高。越来越多的合作社重视标准化生产和高质量的产品，以提高产品的市场竞争力，因此对化学投入品的使用要求也相应提高。但是，对农户生产进行监督的成本较高。如果社员有共同的目标，即使没有组织的密集监管，他们也将朝着目标行事，从而降低监督成本。此外，意识到共同目标的社员往往忠于他们的合作社并有很高的承诺。其他解释变量，如农户蔬菜收入水平对其使用农药的方式有显著性影响，每单位蔬菜种植收入的增加，能够使农户在合作社的指导和监督下使用农药的概率增加到 1.01 倍。如果农户年龄和土地租期每增加一个单位，在合作社的指导和监督下使用农药的概率将分别下降到 0.95％ 和 0.39％。年轻的农民倾向于依靠合作社的指导和监督，而年纪较大的农户则倾向于依靠自己的经验使用农药。对于年轻的农民来说，提高其土地状况以实现长期发展更为重要。

相比于化肥，农户在使用农药时更加谨慎，因此其使用方式也更易受到社会资本的影响，该结果与实际情况相吻合。人们往往非常关注农药残留，但对化肥的关注却少得多。政府和各利益相关者都比较重视售前农药残留的检查，如生产商或销售商、政府和第三方机构经常在农场、超市、批发市场、零售商等不同地点进行农药残留检查(Zhou 等,2015)。这促使农户在使用农药时更加小心。因此，社会资本对农药的使用表现出更大的影响力。

(四)本章小结

在全球化背景下，近 10 年来，中国的食品安全问题日益重要。农业生产环节正确使用化学投入品是确保食品质量安全的关键，因为化学物质不仅会影响土壤和水，还会直接影响人们的健康。因此，了解化学投入品使用的影响因素非常重要。本研究基于来自 145 位种植蔬菜的合作社社员的第一手数据，考察社会资本影响农户对化学投入品使用行为的情况。

本研究的社会资本指标包含三个维度：①技术和市场信息的交流；②社员之间以及管理层与社员之间的信任；③社员对共同目标的意识。农户的化学投入品使用也包含三种方式，分别为基于政府的指导、基于合作社的指导和监督、根据自己的经验和包装上的说明使用化学投入品。实证分析的结果突显了社会资本在影响农户使用化学投入品的方式中的作用。对共同目标的认识能够显著促使农户在政府和合作社的指导下使用肥料。社会资本的所有三个方面都与农户使用农药的方式密切相关,具体而言,合作社中具有较高沟通、信任和共同目标水平能够显著促进社员根据外部指导而不是根据自己的经验来使用农药。

　　本章研究还存在一些局限性,在今后研究中可进行完善和拓展。首先,可以包含农户化学投入品的多方面使用行为。由于数据的限制,本实证研究仅用农户使用化学物质投入品时的外部依赖性作为自变量,如果有更多变量相关数据,则可以考察社会资本对化学投入品各方面使用行为的影响,如数量和费用、投入使用的记录等。其次,可将样本拓展到其他农产品部门,以检验本实证结果的稳健性和不同产品部门间的异质性。

八、结论和政策建议

本书系统性地分析了农民合作社社会资本的内涵和维度,考察了社会资本对农民合作社多方面绩效的影响。第一,界定合作社社会资本,并对关于合作社和社会资本的现有文献进行了梳理;第二,分析了社会资本在合作社各个发展阶段的变化和特点,构建了社会资本和合作社生命周期的理论模型;第三,检验了社会资本对社员参与程度及合作社经济绩效的影响;第四,考察了社会资本对农民合作社经济绩效的影响,并讨论了社会资本与正式治理之间的相互作用;第五,考察了社会资本对农民合作社经济和社会绩效的影响,包括组织层面经济绩效、社员个人经济绩效和合作社社会绩效;第六,分析了社会资本对合作社社员农户的农产品质量安全风险控制行为的影响。本章是全书的总结,在前文研究的基础上,进一步得出本书研究结论,提出相关政策建议,并展望进一步的研究。

(一)结 论

本书应用文献分析、理论模型分析、实证模型分析等多种研究方法,从多重角度分析了社会资本对农民合作社绩效的影响,得出以下启发性的结论。

第一,合作社社会资本具有多维性,相应地,对于社会资本的衡量也包含多个方面的指标。

合作社社会资本可以分为外部社会资本和内部社会资本两个方面,外部社会资本主要指合作社外部的社会关系网络,内部社会资本包括结构型、关系型和认知型三个维度,主要通过内部社员之间、社员与管理者之间的信任,以及社员对合作社集体目标和使命的理解等方面来衡量。

第二,处于生命周期不同阶段的合作社拥有的社会资本水平和特点有所不同,合作社的社会属性和经济属性的不平衡将会影响合作社功能的发挥。

通常来说,合作社早期发展阶段拥有很高的社会资本水平;随着合作社的发展,其经济导向逐渐增强、社员异质性程度提高,因而其社会资本水平呈下降趋势,同时,社会资本的减少将导致合作社的社会属性和经济属性的失衡,此时,合作社的治理机制必须相应改变。对于合作社而言,随着生命周期的发展,有计划地维持和发展社会资本非常重要,否则,合作社治理结构的比较优势可能会消失。

第三,合作社内部社会资本能够促进社员积极参与技术培训等活动,合作社的社员人均利润受到外部社会资本和内部社会资本的正向影响。

从社会资本和社员参与的关系来看,外部社会资本对社员参与社员大会或技术培训并没有显示出显著的影响,较高水平的合作社内部社会资本能够促进社员参与技术培训。从社会资本与合作社绩效的关系来看,外部社会资本和内部社会资本均能显著提高合作社社员的利润水平。

第四,社会资本对合作社经济绩效的影响与合作社内部的正式治理有关,社会资本与正式治理之间存在互补关系。

尽管社会资本对组织是价值的,但一些学者已经注意到,社会资本对经济绩效的影响是非线性的,且取决于正式治理。具体来说,社会资本的存量可以提高农民合作社的经济绩效,而当合作社采纳更多的基于交易进行分配的治理机制时,社会资本对合作社经济绩效的影响更大。因此,社会资本和正式治理的作用是互补的,加强正式治理有利于社会资本的作用。

第五,社会资本对合作社不同方面的绩效表现出不同的影响,正面和负面作用同时存在。

将合作社绩效拓展到组织经济绩效、合作社社会绩效和社员绩效后,发现社会资本的特定维度可能无法提供合作从业者和学者所期望的收益,不同维度社会资本对农民合作社绩效会产生正面和负面影响。具体而言,内部社会资本水平对普通社员的收入增长具有显著的正向作用;外部社会资本可为合作社的利润水平和社会绩效带来有益的结果,但是对普通社员的收入增长产生负面影响。

第六,合作社内部社会资本水平能够显著影响社员的化肥和农药使用行为。

化肥和农药的科学使用是农产品质量安全的重要保障,本研究的实证分析结果表明合作社内部社会资本能够显著影响社员农户的化肥和农药使用行为,具体来说,合作社内部较高水平的社会资本能够促使农户通过寻求政府和合作社的指导来科学使用化肥和农药，而不是仅仅基于个人经验进行使用。此外，相比于化肥的使用，社会资本对农药使用行为的影响更大，这与农药的危害性更直接、更大有关。

（二）政策建议

基于本书的研究结论，提出以下几点关于合作社发展的政策建议，以供参考。

首先，合作社管理者需特别注意其组织的社会属性，充分认识合作社中社会资本的重要性。随着合作社规模的扩大、组织复杂性的提高和资本导向的增强，内部社会资本的水平可能会下降，合作社内部的社会属性和经济属性可能会失衡，从而影响合作社功能的发挥。此外，内部社会资本的不足往往会导致机会主义行为。尽管合作社的市场导向可以带来经济利益，但同时，社会资本减少造成的经济损失可能超过该经济利益。现有实践者和学者们都非常关注合作社治理机制的发展及其与合作社绩效的关系，但较少意识到合作社社会属性和社会资本的重要性。事实上，与资本导向型企业相比，合作社的社会资本正是其具有比较优势的来源。因此，无论是合作社管理者还是普通社员，了解合作社中社会资本的价值尤为重要。

其次，在合作社内部发展和培育社会资本，例如沟通、信任和对共同目标的认识。促进合作社社员的参与性，包括资金的投入和各类管理事务的参与，是培育合作社内部社会资本的有效措施，集体行动的参与也有利于社会资本的积累，同时社会资本的提高能够进一步促进社员参与技术培训等集体行动。此外，还可以通过社员大会和培训增加普通社员对合作社共同目标的了解，提高社员的合作意识。正如有形资产和人力资本一样，社会资本的创造和积累也需要投资，由于社会资本的水平或其产出都具有难以定量评估的特点，因此需要合作社持续性地对合作社的维护和发展进行投资。

再次，与上下游交易方建立深度关系可能对现阶段的中国合作社更为有利。尽管合作社外部社会网络的拓展能够促使建立合作社本身的造血功能，促进合作社转型和高质量发展，然而，中国的农民合作社大多处于起步和发展阶段，其创收和增收能力有限。尽管市场扩展对于建立广泛的未来业务来说很重要，但当合作社尚不强大时，还没能力与买家保持太多联系。此外，就目前来说，合作社理事长或少数核心社员的主导地位有可能从基于"关系"网络的交易中使合作社获得最大利益。

最后,政府也需为合作社的发展提供良好的制度环境和政策环境,通过适当的支持手段,如法律法规的完善和恰当的补贴或购买服务,支持合作社的高质量发展。鉴于政府支持在中国合作社发展中的重要作用,因此合作社与政府之间的关系应当受到重视。尽管如此,政府需要尽量保持中立和公正,而不是向"关系良好"的合作社提供优惠支持。否则,可能会导致合作社的腐败和过度投资以寻求与政府的联系,从而导致效率低下并损害合作社的经济利益。

参考文献

[1] Abebaw, D. , Haile, M. G. The impact of cooperatives on agricultural technology adoption: empirical evidence from Ethiopia. *Food Policy*, 2013(38):82-91.

[2] Adler, P. S. , Kwon, S. Social capital: *Prospects for a new concept. Academy of Management Review*, 2002(1):17-40.

[3] Agbo, M. , Rousselière, D. , Salanié, J. Agricultural marketing cooperatives with direct selling: A cooperative-non-cooperative game. *Journal of Economic Behavior & Organization*, 2015(109):56-71.

[4] Aguilar-Gallegos, N. , Muñoz-Rodríguez, M. , Santoyo-Cortés, H. , Aguilar-Ávila, J. , Klerkx, L. Information networks that generate economic value: A study on clusters of adopters of new or improved technologies and practices among oil palm growers in Mexico. *Agricultural Systems*, 2015(135):122-132.

[5] Ahlerup, P. , Olsson, O. , Yanagizawa, D. Social capital vs institutions in the growth process. *European Journal of Political Economy*, 2009(1): 1-14.

[6] Akerlof, G. E. , Kranton, R. E. Identity and the economics of organizations, *Journal of Economic Perspectives*, 2005(1):9-32.

[7] Alam, G. M. , Alam, K. , Mushtaq, S. Influence of institutional access and social capital on adaptation decision: Empirical evidence from hazard-prone rural households in Bangladesh. *Ecological Economics*, 2016 (130):243-251.

[8] Arregle, J. , Hitt, M. A. , Sirmon, D. G. , Very, P. The development of organisational social capital: Attributes of family firms. *Journal of*

Management Studies,2007(1):73-95.

[9] Arrow,K. J. Gifts and exchanges. *Philosophy & Public Affairs*,1972 (4):343-362.

[10] Asfaw,S. ,Mithöfer,D. ,Waibel,H. Eu-food safety standards,pesticide use and farm-level productivity:The case of high-value crops in Kenya. *Journal of Agricultural Economics*,2009(3):645-667.

[11] Baker,W. E. Market networks and corporate behavior. *American Journal of Sociology*,1990(96):589-625.

[12] Balbach,J. K. The effect of ownership on contract structure,costs,and quality:The case of the US beet sugar industry. In Royer,J. S. and Rogers R. T. (eds.), The Industrialization of Agriculture:Vertical Coordination in the US *Food System*. Aldershot:Ashgate Publishing Ltd. ,1998:155-184.

[13] Baldassarri,D. Cooperative networks:Altruism,group solidarity,reciprocity, and sanctioning in Ugandan producer organizations. *American Journal of Sociology*,2015(2):355-395.

[14] Banaszak, I. Determinants of successful cooperation in agricultural market:evidence from producer groups in Poland. In Hendrikse,G. , Tuunanen, M, Windsperger, J. (eds.), *Strategy and Governance of Networks*. Heidelberg:Physical-verlag,2008.

[15] Barraud-Didier, V. , Henninger, M-C. , Akremi, A. E. The relationship between members' trust and participation in the governance of cooperatives: The role of organisational commitment. *International Food and Agribusiness Management Review*,2012(1):1-24.

[16] Baumgart-Getz,A. ,Prokopy,L. S. ,Floress,K. Why farmers adopt best management practice in the United States:A meta-analysis of the adoption literature. *Journal of Environment Management*,2012(1):17-25.

[17] Bayramoglu,B. ,Chakir,R. The impact of high crop prices on the use of agro-chemical inputs in France:A structural econometric analysis. *Land Use Policy*,2016(55):204-211.

[18] Belliveau,M. A. ,O'Reilly C. A. ,Wade,J. B. Social capital at the top:

effects of social similarity and status on CEO compensation. *Academy of Management Journal*,1996(6):1568-1593.

[19] Benos,T.,Kalogeras,N.,Verhees,F. J. H. M.,Sergaki,P.,Pennings, J. M. E. Cooperatives' organizational restructuring,strategic attributes, and performance:The case of agribusiness cooperatives in Greece. *Agribusiness*,2016(1):127-150.

[20] Bernard,T.,Taffesse,A. S.,Gabre-Madhin,E. Impact of cooperatives on smallholders' commercialization behavior:evidence from Ethiopia. *Agricultural Economics*,2008(39):147-161.

[21] Bernardi,A.,Miani,M. The long march of chinese co-operatives:towards market economy, participation, and sustainable development. *Asia Pacific Business Review*,2014(3):330-355.

[22] Beugelsdijk,S.,Schaik,T. V. Social capital and growth in European regions:An empirical test,*European Journal of Political Economy*, 2005(2):301-324.

[23] Bhuyan,S. The people factor in cooperatives:An analysis of members' attitudes and behavior. *Canadian Journal of Agricultural Economics*, 2007(3):275-298.

[24] Bijman,W. J. J.,Hendrikse,G. W. J. Co-operatives in chains:Institutional restructuring in the dutch fruit and vegetable industry. *Journal of Chain and Network Science*,2003(2):95-107.

[25] Bijman,W. J. J. Essays on Agricultural Cooperatives:Governance Structure in Fruit and Vegetable Markets. PhD Thesis,Rotterdam School of Management,Erasmus University,The Netherlands,Rotterdam,2002.

[26] Bijman,W. J. J.,Wollni,M. Producer organizations and vertical coordination: an economic organization theory perspective. In Rösner,H. J. and Schulz-Nieswandt,F. (eds.), *Beiträge der genossenschaftlichen Selbsthilfe zur wirtschaftlichen und sozialen Entwicklung*. Berlin:LIT-Verlag,231-252.

[27] Bijman,J.,Hendrikse,G.,Oijen,A. V. Accommodating two worlds in one organisation:changing board models in agricultural cooperatives. *Managerial and Decision Economics*,2013(3-5):204-217.

[28] Bijman,W. J. J.,Verhees,V. Member or customer? Farmer commitment

to supply cooperatives. *Paper presented in the 5th international conference on Economics and Management of Networks (EMNet)*, Cyprus: Limassol, 2011.

[29] Bingen, J., Serrano, A., Howard, J. Linking farmers to markets: Different approaches to human capital development. *Food Policy*, 2003 (4): 405-419.

[30] Birchall, J., Simmons, J. What motivates members to participate in co-operative and mutual businesses? *A theoretical model and some findings. Annals of Public and Cooperative Economics*, 2004(3): 465-495.

[31] Bolino, M. C., Turnley, W. H., Bloodgood, J. M. Citizenship behavior and the creation of social capital in organizations. *Academy of Management Review*, 2002(27): 505-522.

[32] Bonus, H. The cooperative association as a business enterprise: A study of the economics of transactions. *Journal of Institutional and Theoretical Economics*, 1986(2): 310-339.

[33] Boone, C., Özcan, S. Strategic choices at entry and relative survival advantage of cooperatives versus corporations in the US bio-ethanol industry. *Journal of Management Studies*, 2016(7): 1113-1140.

[34] Borgen, S. O. Identification as a trust-generating mechanism in cooperatives. *Annals of Public and Cooperative Economics*, 2001(2): 208-228.

[35] Borgen, S. O. Rethinking incentive problems in cooperative organizations. *Journal of Socio-Economics*, 2004(33): 383-393.

[36] Borgen, S. O., Aarset, B. Participatory innovation: Lessons from breeding cooperatives. *Agricultural Systems*, 2016(145): 99-105.

[37] Borgen, S. O. Identification as a trust-generating mechanism in cooperatives. *Annals of Public and Cooperative Economics*, 2001(2): 209-228.

[38] Bouma, J., Bulte, E., van Soest, D., Trust and cooperation: Social capital and community resource management. *Journal of Environmental Economics Management*, 2008(2): 155-166.

[39] Bowles, S., Polania-Reyes, S. Economic incentives and social preferences: Substitutes or complements?. *Journal of Economic Literature*, 2012 (2): 368-425.

[40] Brehm, J., Rahn, W. Individual-level evidence for the causes and consequences of social capital. *American Journal of Political Science*, 1997(41):999-1023.

[41] Brynjolfsson, E., Milgrom, P. Complementarity in Organizations. In R. Gibbons and J. Roberts (eds.), *The Handbook of Organizational Economics*. Princeton:Princeton University Press, 2013.

[42] Burlingame, B., Pineiro, M. The essential balance:Risks and benefits in food safety and quality. *Journal of Food Composition and Analysis*, 2007(20):139-146.

[43] Burt, R. S. Structural holes:the social structure of competition. Cambridge: Harvard University Press, MA, US, 1992.

[44] Byrne, N., McCarthy, O. An analysis of the credit union's use of craig's commitment building measures. *Journal of Co-operative Studies*, 2005 (1):20-27.

[45] Cadot, J. Agency costs of vertical integration:The case of family firms, investor-owned firms and cooperatives in the French wine industry. *Agricultural Economics*, 2015(2):187-194.

[46] Cai, R., Ma, W., Su, Y. Effects of member size and selective incentives of agricultural cooperatives on product quality. *British Food Journal*, 2016(4):858-870.

[47] Carvalho, F. P. Agriculture, pesticides, food security and food safety. *Environmental Science & Policy*, 2006(9):685-692.

[48] Cary, J., Webb, T., Barr, N. *Understanding landholders' capacity to change to sustainable practices*, In Bureau of Rural, S. (ed.), Canberra: CSIRO Publishing, 2002.

[49] Castilla-Polo, F., Sánchez-Hernández, M. I., Gallardo-Vázquez, D. Assessing the influence of social responsibility on reputation:An empirical case study in agricultural cooperatives in Spain. *Journal of Agricultural and Environmental Ethics*, 2017(1):99-120.

[50] Cechin, A., Bijman, J., Pascucci, S., Omta, O. Decomposing the member relationship in agricultural cooperatives:Implications for commitment. *Agribusiness*, 2013(29):39-61.

[51] Chaddad,F. R. ,Cook,M. L. Understanding new cooperative models:An ownership control rights typology. *Review of Agricultural Economics*,2004 (26):348-360.

[52] Chagwiza,C. , Muradian, R. , Ruben, R. Cooperative membership and dairy performance among smallholders in Ethiopia. *Food Policy*,2016 (59):165-173.

[53] Chloupkova, J. , Svendsen, G. L. H. , Svendsen, G. T. Building and destroying social capital:The case of cooperative movements in Denmark and Poland. *Agriculture and Human values*,2003(3):241-252.

[54] Cicia,G. ,Caracciolo,F. ,Cembalo,L. ,Del Giudice,T. ,Grunert,K. G. , Krystallis,A. , Lombardi,P. , Zhou, Y. Food safety concerns in Urban China:Consumer preferences for pig process attributes. *Food Control*, 2016(60):166-173.

[55] Codron,J. M. ,Adanacioglu, H. ,Aubert,M. ,Bouhsina,Z. ,El Mekki, A. A. ,Rousset,S. ,Tozanli,S. , Yercan,M. The role of market forces and food safety institutions in the adoption of sustainable farming practices:The case of the fresh tomato export sector in Morocco and Turkey. *Food Policy*,2014(49):268-280.

[56] Cohen, W. M. , Levinthal, D. A. , Absorptive capacity:A new perspective on learning and innovation. *Administrative Science Quarterly*, 1990 (35):128-152.

[57] Cohen,D. , Prusak, L. *In good company:How social capital makes organizations work*. Boston:Harvard Business School Press,2001.

[58] Coleman,J. S. *Foundations of social theory*. Cambridge,MA:Harvard University Press,1990.

[59] Coleman,J. *Social capital in the creation of human capital. American Journal of Sociology*,1988(94):95-120.

[60] Cook,M. L. The future of US agricultural cooperatives:A neo-institutional approach. *American Journal of Agricultural Economics*,1995(5):1153-1159.

[61] Cooke, P. , Clifton, N. , Oleaga, M. Social capital, firm embeddedness and regional development. *Regional Studies*,2005(8):1065-1077.

[62] Cooke,P. ,Wills,D. Small firms, social capital and the enhancement of business performance through innovation programmes. *Small Business Economics*,1999(3):219-234.

[63] Cropp,R. ,Ingalsbe,G. Structure and scope of agricultural cooperatives. In Cobia,D. (eds.),*Cooperatives in Agriculture*. Prentice:Prentice Hall, 1989.

[64] Dejene,E. , Regasa, D. G. Factors affecting success of agricultural marketing cooperatives. *International Journal of Cooperative Studies*, 2015(1):9-17.

[65] Deng,W. ,Hendrikse,G. W. J. Managerial vision bias and cooperative governance. *European Review of Agricultural Economics*,2015(5): 797-828.

[66] Dixit,A. *Lawlessness and Economics Alternative Modes of Governance Gorman Lectures in Economics Princeton*. Princeton:NJ Princeton University Press,2004.

[67] Donovan,J. ,Blare,T. ,Poole,N. Stuck in a rut:Emerging cocoa cooperatives in Peru and the factors that influence their performance. *International Journal of Agricultural Sustainability*,2017(2):169-184.

[68] Dunn,J. R. Basic cooperative principles and their relationship to selected practices. *Journal of Agricultural Cooperation*,1988(3):83-93.

[69] Dur,R. ,Sol,J. Social interaction,co-worker altruism and incentives. *Games and Economic Behavior*,2010(69):293-301.

[70] Dyer,J. H. ,Singh,H. The relational view:Cooperative strategy and sources of inter-organisational competitive advantage. *Academy of Management Review*,1998(23):660-679.

[71] Edelman,L. F. ,Bresnen,M. ,Newell,S. ,Scarbrough,H. ,Swan,J. The benefits and pitfalls of social capital:empirical evidence from two organizations in the United Kingdom. *British Journal of Management*, 2004(S1):59-69.

[72] Eklinder-Frick,J. ,Eriksson,L. T. ,Hallén,L. Effects of social capital on processes in a regional strategic network. *Industrial Marketing Management*,2012(5):800-806.

［73］Eklinder-Frick，J.，Eriksson，L. T.，Hallén，L. Bridging and bonding forms of social capital in a regional strategic network. *Industrial Marketing Management*，2011(6)：994-1003.

［74］Feng，L.，Friis，A.，Nilsson，J. Social capital among members in Grain marketing cooperatives of different sizes. *Agribusiness*，2016(1)：113-126.

［75］Feng，L. Motivation，Coordination and Cognition in Cooperatives. PhD. Thesis，*Rotterdam School of Management*，The Netherlands：Erasmus University，Rotterdam，2011.

［76］Feng，L.，Hendrikse，G. W. J. Chain interdependencies，measurement problems and efficient governance structure：cooperatives versus publicly listed firms. *European Review of Agricultural Economics*，2012(2)：241-255.

［77］Fernandez-Cornejo，J.，Ferraioli，J. The environmental effects of adopting-IPM techniques：The case of peach producers. *Journal of Agricultural & Applied Economics*，1999(3)：551-564.

［78］Florin，J.，LubatkinM.，Schulze，W. A social capital model of high-growth ventures. *Academy of Management Journal*，2003(3)：374-384.

［79］Fonte，M.，Cucco，I. Cooperatives and alternative food networks in Italy. The long road towards a social economy in agriculture. *Journal of Rural Studies*，2017(53)：291-302.

［80］Forney，J.，Häberli，I. Co-operative values beyond hybridity：The case of farmers' organisations in the swiss dairy sector. *Journal of Rural Studies*，2017(53)：236-246.

［81］Franken，J.，Cook，M. L. Informing Measurement of Cooperative Performance. In Windsperger，J.，Cliquet，G.，Ehrmann，T. and Hendrikse，G. (eds)，*Interfirm Networks*. Switzerland：Springer International Publishing，2015.

［82］Fukuyama，F. Social capital，civil society and development. *Third World Quarterly*，2001(1)：7-20.

［83］Fukuyama，F. *Trust：Social virtues and the creation of prosperity*. London：Hamish Hamilton，1995.

［84］Fulton，J. R.，Adamowicz，W. L. Factors that influence the commitment of members to their cooperative organization. *Journal of Agricultural Cooperatives*,1993(8):39-53.

[85] Fulton,M. Cooperatives and member commitment. *Finnish Journal of Business Economics*,1999(4):418-437.

[86] Fulton,M. *Cooperatives and member commitment*. *Journal of Business Economics*,1999(48):418-437.

[87] Fulton,M. The future of cooperatives in Canada: A property rights approach. *American Journal of Agricultural Economics*,1995(77): 1144-1152.

[88] Gabbay,S. M. ,Zuckerman,E. W. Social capital and opportunity in corporate R&D: The contingent effect of contact density on mobility expectations. *Social Science Research*,1998(2):189-217.

[89] Gallaher,C. M. ,Kerr,J. M. ,Njenga,M. ,Karanja,N. K. ,WinklerPrins,A. M. G. A. Urban agriculture, social capital, and food security in the Kibera slums of nairobi, Kenya. *Agriculture and Human Values*, 2013(3):389-404.

[90] Gargiulo,M. ,Benassi,M. Trapped in your own net? Network cohesion, structural holes, and the adaptation of social capital. *Organization Science*,2000(2):183-196.

[91] Gargiulo,M. ,Benassi,M. The dark side of social capital. In R. Th. A. J. Leenders and S. M. Gabbay (eds), *Corporate social capital and liability*,Boston:Kluwer,1999.

[92] Geletkanycz,M. A. ,Hambrick,D. C. The external ties of top executives: Implications for strategic choice and performance. *Administrative Science Quarterly*,1997(4):654-681.

[93] Gellynck,X. ,Cárdenas,J. ,Pieniak,Z. ,Verbeke,W. Association between innovative entrepreneurial orientation, absorptive capacity, and farm business performance. *Agribusiness*,2015(1):91-106.

[94] Ghoshal,S. ,Moran,P. Bad for practice: A critique of the transaction cost theory. *Academy of Management Review*,1996(1):13-47.

[95] Glaeser,E. L. ,Laibson,D. I. ,Scheinkman,J. A. ,Soutter,C. L. Measuring trust. *The Quarterly Journal of Economics*,2000(3):811-846.

[96] Gonzalez, R. A. Going back to go forwards? From multi-stakeholder cooperatives to open cooperatives in food and farming. *Journal of Rural Studies*, 2017(53):278-290.

[97] Granovetter, M. Economic action and social structure: The problem of embeddedness. *American Journal of Sociology*, 1985(3):481-510.

[98] Granovetter, M. The impact of social structure on economic outcomes. *Journal of Economic Perspectives*, 2005(1):33-50.

[99] Grashuis, J., Magnier, A. Product differentiation by marketing and processing cooperatives: A choice experiment with cheese and cereal products. *Agribusiness*, 2018(4):813-830.

[100] Gray, T. W., Kraenzle, C. A. *Member Participation in Agricultural Cooperatives: A Regression and Scale Analysis. USDA RBS Research Report* 165, Washington, D. C. : Department of Agriculture, 1998.

[101] Grunert, K. G. Food quality and safety: Consumer perception and demand. *European Review of Agricultural Economics*, 2005(3):369-391.

[102] Gulati, R., Norhria, N., Zaheer, A. *Strategic networks. Strategic Management Journal*, 2000(3):203-215.

[103] Gulati, R. Does familiarity breed trust? The implications of repeated ties for contractual choice in alliances. *Academy of Management Journal*, 1995(1):85-112.

[104] Hagedoorn, J. Understanding the cross-level embeddedness of interfirm partnership formation. *Academy of Management Review*, 2006(3): 670-680.

[105] Hakelius, K., Hansson, H, 2016a. Measuring changes in farmers' attitudes to agricultural cooperatives: Evidence from swedish agriculture 1993—2013. *Agribusiness* (4):531-546.

[106] Hakelius, K., Hansson, H, 2016b. Members' attitudes towards cooperatives and their perception of agency problems. *International Food and Agribusiness Management Review*(4):23-36

[107] Hakelius, K. Farmer cooperatives in the 21st century: Young and old farmers in Sweden. *Journal of Rural Cooperation*, 1999(1):31-54.

[108] Hansen,M. H. ,Morrow,J. L. ,Bastista,J. C. The impact of trust on cooperative membership retention, performance and satisfaction: An exploratory study. *International Food and Agribusiness Management Review*,2002(1):41-59.

[109] Hanses,G. D. The cyclical and secular behavior of the labour input: comparing efficiency units and hours worked. *Journal of Applied Econometrics*,1993(1):71-80.

[110] Hansmann,H. *The Ownership of Enterprise*. The Belknap Press of Cambridge:Harvard University Press,1996.

[111] Hao,J. ,Bijman,J. ,Gardebroek,C. ,Heerink,N. ,Heijman,W. ,Huo, X. Cooperative membership and farmers' choice of marketing channels: Evidence from apple farmers in shaanxi and shandong provinces,*Food Policy*,2018(74):53-64.

[112] Harte, L. N. Creeping privatisation of the Irish co-operatives: A transaction cost explanation. In Nilsson,J. and van Dijk,G. (eds.), *Strategies and Structures in the Agro-food* , The Netherlands:Industries Assen,1997.

[113] Hayami,Y. Social capital,human capital and the community mechanism: toward a conceptual framework for economists. *Journal of Development Studies*,2009(1):96-123.

[114] Hendrikse, G. W. J. Pooling, access, and countervailing power in channel governance. *Management Science* ,2011(9):1692-1702.

[115] Hendrikse,G. W. J. ,Feng,L. Interfirm cooperative. In Grandori,A. (eds.), Handbook of Economic Organization:Integrating Economic and Organization Theory. *Edward Elgar Publishing* ,2013.

[116] Hendrikse,G. W. J. , Veerman,C. P,2001a. Marketing cooperatives and financial structure:Atransaction costs economics analysis. *Agricultural Economics*(3):205-216.

[117] Hendrikse, G. W. J. , Veerman, C. P. Marketing co-operatives: An incomplete contracting perspective. *Journal of Agricultural Economics* , 2001(1):53-64.

[118] Hendrikse,G. W. J. Screening, competition and the choice of marketing

cooperative as an organisational form. *Journal of Agricultural Economics*, 1998(2):202-217.

[119] Henson, S. , Masakure, O. , Boselie, D. Private food safety and quality standards for fresh produce exporters: The case of hortico agrisystems. *Food Policy*, 2005(4), 371-384.

[120] Hind, A. M. Co-operative life cycle and goals. *Journal of Agricultural Economics*, 1999(3):536-548.

[121] Hind, A. M. The changing values of the cooperative and its business focus. *American Journal of Agricultural Economics*, 1997(79):1077-1082.

[122] Hogeland, J. A. How culture drives economic behavior in cooperatives. *Journal of Rural Cooperation*, 2004(1):19-36.

[123] Hogeland, J. A. The economic culture of US Agricultural Cooperatives. *Cultural and Agriculture*, 2006, 28(2):67-79.

[124] Hoken, H. , Su, Q. Measuring the effect of agricultural cooperatives on household income: Case study of a rice-producing cooperative in China. *Agribusiness*, 2018(4):831-846.

[125] Huang, Z. , Zhang, J. , Chen, Z. Value chain analysis of peer industry in China. *Chinese Rural Economy*, 2008(7):63-72.

[126] Huang, Z. H. , Fu, Y. Z. , Liang, Q. , Song, Y. , Xu, X. C. The efficiency of agricultural marketing cooperatives in China's zhejiang province. *Managerial and Decision Economics*, 2013(34):272-282.

[127] Huang, Z. H. , Wu, B. , Xu, X. C. , Liang, Q. Situation features and governance structure of farmer cooperatives in China: Does initial situation matter. *The Social Science Journal*, 2016(1):100-110.

[128] Hueth, B. , Marcoul, P. Incentive pay for CEOs in cooperative firms. *American Journal of Agricultural Economics*, 2009(5):1218-1223.

[129] Iliopoulos, C. , Valentinov, V. Member preference heterogeneity and system-lifeworld dichotomy in cooperatives: An exploratory case study. *Journal of Organizational Change Management*, 2017(7): 1063-1080.

[130] Inkpen, A. C. , Tsang, E. W. K. Social capital, networks, and knowledge

transfer. *Academy of Management Review*, 2005(1):146-165.

[131] Ito, J., Bao, Z., Su, Q. Distributional effects of agricultural cooperatives in China:exclusion of small holders and potential gains on participation. *Food Policy*, 2012(6):700-709.

[132] James, H. S., Sykuta, M. E. Property right and organizational characteristics of producer-owned firms and organizational trust. *Annals of Public and Cooperative Economics*, 2005(4):545-580.

[133] James, H. S., Jr., Sykuta, M. E. Farmer trust in producer and investor-owned firms:Evidence from missouri corn and soybean producers. *Agribusiness*, 2006(1):135-153.

[134] Jawahar, I. M., McLaughlin, G. L. Toward a descriptive stakeholder theory:An organizational life cycle approach. *The Academy of Management Review*, 2001(3):397-414.

[135] Jayasinghe-Mudalige, U. K., Henson, S. Economic incentives for firms to implement enhanced food safety controls:Case of the Canadian red meat and poultry processing sector. *Review of Agicultural Economics*, 2006(4),494-514.

[136] Ji, C., Chen, Q., Trienekens, J., Wang, H. Determinants of cooperative pig farmers' safe production behaviour in China:Evidences from perspective of cooperatives' services. *Journal of Integrative Agriculture*, 2018 (10):2345-2355.

[137] Jia, X. P., Huang, J. K., Xu, Z. G. Marketing of farmer professional cooperatives in the wave of transformed agrofood market in China. *China Economic Review*, 2012(3):665-674.

[138] Jia, F., Zsidisin, G. A. Supply relational risk:what role does guanxi play?. *Journal of Business Logistics*, 2014(3):259-267.

[139] Jussila, I., Byrne, N., Tuominen, H. Affective commitment in co-operative organizations:What makes members want to stay?. *International Business Research*, 2012(10):1-10.

[140] Kaiser, H. F. The varimax criterion for analytic rotation in factor analysis. *Psychometrika*, 1958(23):187-200.

[141] Karantininis, K., Zago A. Endogenous membership in mixed duopolies.

American Journal of Agricultural Economics,2001(5):1266-1272.

[142] Keskin, H. Market orientation, learning orientation, and innovation capabilities in SMES: An extended model. *European Journal of Innovation Management*,2006(9):396-417.

[143] Kirezieva,K. , Bijman, J. , Jacxsens, L. , Luning, P. A. The role of cooperatives in food safety management of fresh produce chains: Case studies in four strawberry cooperatives. *Food Control*, 2016 (62): 299-308.

[144] Knack,S. ,Keefer,P. Does social capital have an economic payoff? A cross-country investigation. *The Quarterly Journal of Economics*, 1997(4):1251-1288.

[145] Knowler,D. ,Bradshaw,B. Farmers' adoption of conservation agriculture: A review and synthesis of recent research. *Food Policy*,2007(32):25-48.

[146] Koureas, M. , Tsakalof, A. , Tsatsakis, A. , Hadjichristodoulou, C. Systematic review of biomonitoring studies to determine the association between exposure to organophosphorus and pyrethroid insecticides and human health outcomes. *Toxicology Letters*,2012(2):155-168.

[147] Krackhardt, D. , Hanson, J. R. Informal networks: The company behind the chart. *Harvard Business Review*,1993(4):104.

[148] Kraft,P. S. ,Brasch,A. Managerial social networks and innovation: A meta-analysis of bonding and bridging effects across institutional environments. *Journal of Product Innovation Management*,2018(6): 865-889.

[149] Krishna, A. *Active social capital: Tracing the roots of development and democracy*. Columbia:Columbia University Press,2002.

[150] Kumar, A. , Saroj, S. , Joshi, P. K. , Takeshima, H. Does cooperative membership improve household welfare? Evidence from a panel data analysis of smallholder dairy farmers in Bihar, India. *Food Policy*, 2018(75):24-36.

[151] Leana,C. R. ,Pil,F. K. Social capital and organizational performance: Evidence from urban public schools. *Organization Science*,2006(17):

353-366.

[152] Leana,C. R. ,Van Buren,H. J. Organizational social capital and employment practices. *The Academy of Management Review*,1999(3):538-555.

[153] Lester,D. L. ,Parnell,J. A. ,Carraher,S. Organizational life cycle:A five-stage empirical scale. *The International Journal of Organizational Analysis*,2003(4):339-354.

[154] Levin,R. C. ,Reiss, P. C. Cost-reducing and demand-creating R&D with spillovers. *Social Science Electronic Publishing*,1998(4):538-556.

[155] Liang, Q. , Hendrikse, G, 2013a. Core and common members in the genesis of farmer cooperatives in China. *Managerial and Decision Economics*(35):117-361.

[156] Liang, Q. , Hendrikse, G. W. J, 2013b. Cooperative CEO identity and efficient governance:Member or outside CEO?. *Agribusiness*(1):23-38.

[157] Liang,Q. Governance,CEO Identity,and Quality Provision of Farmer Cooperatives. *Rotterdam School of Management*, Rotterdam: Erasmus University,2013.

[158] Liang,Q. ,Hendrikse,G. ,Huang,Z. H. ,Xu,X. C,2015b. Governance structure of Chinese farmer cooperatives:Evidence from Zhejiang province. *Agribusiness*(2):198-214.

[159] Liang,Q. ,Huang Z. H. ,Lu H. Y. ,Wang,X. X,2015a. Social capital, member participation, and cooperative performance:Evidence from China's Zhejiang. *International Food and Agribusiness Management Review*(1):49-78.

[160] Liang, Q. , Huang, Z. , Lu, H. , Wang, X. Social capital, member participation, and cooperative performance:Evidence from China's Zhejiang. *International Food and Agribusiness Management Review*,2015(1):49-78.

[161] Liang, Q. , Lu, H. , Deng, W. Between social capital and formal governance in farmer cooperatives:Evidence from China. *Outlook on Agriculture*,2018(3):196-203.

[162] Liang,Q. ,Hendrikse,G. Pooling and the yardstick effect of cooperatives.

　　　　Agricultural Systems,2016(143):97-105.

[163] Lins, K. V. , Servaes, H. , Tamayo, A. Social capital, trust, and firm performance: the value of corporate social responsibility during the financial crisis. *The Journal of Finance*,2017(4):1785-1824.

[164] Liu, Z. , Rommel, J. , Feng, S. , Hanisch, M. Can land transfer through land cooperatives foster off-farm employment in China?. *China Economic Review*,2017(45):35-44.

[165] Locke, E. A. , Noorderhaven, N. G. , Cannon, J. P. , Doney, P. M. , Mullen, M. R. Some reservations about social capital. *Academy of Management Review*,1999(1):8-11.

[166] Lowndes, V. , Wilson, D. Social capital and local governance: exploring the institutional design variable. *Political Studies*,2001(4):629-647.

[167] Luo, J. L. , Hu, Z. H. Risk paradigm and risk evaluation of farmer cooperatives' technology innovation. *Economic Modelling*,2015(44): 80-85.

[168] Lyon, F. Trust, networks and norms: The creation of social capital in agricultural economies in Ghana. *World Development*, 2000 (4): 663-681.

[169] Ma, W. , Abdulai, A. , Goetz, R, 2018b. Agricultural cooperatives and investment in organic soil amendments and chemical fertilizer in China. *American Journal of Agricultural Economics*(2):502-520.

[170] Ma, W. , Abdulai, A. Does cooperative membership improve household welfare? Evidence from apple farmers in China. *Food Policy*,2016(58): 94-102.

[171] Ma, W. , Renwick, A. , Yuan, P. , Ratna, N, 2018a. Agricultural cooperative membership and technical efficiency of apple farmers in China: An analysis accounting for selectivity bias. *Food Policy*(81): 122-132.

[172] Macaulay, S. Non-contractual relations in business: A preliminary study. *American Sociological Review*,1963(28):55-69.

[173] Malecki, E. J. Regional social capital: Why it matters. *Regional Studies*,2012(8):1023-1039.

[174] Malhotra,D. ,Murnighan,J. K. The effects of contracts on interpersonal trust. *Administrative Science Quarterly*,2002(47):534-559.

[175] Markelova, H. , Meinzen-Dick, R. , Hellin, J. , Dohrn, S. Collective action for smallholder market access. *Food Policy*,2009(1):1-7.

[176] Martínez-Victoria,M. ,Lario,N. A. ,Val,M. M. S. Financial behavior of cooperatives and investor-owned firms:An empirical analysis of the Spanish fruit and vegetable sector. *Agribusiness*,2018(2):456-471.

[177] Martínez-Victoria,M. ,Maté Sánchez-Val,M. ,Arcas-Lario,N,2018a. Spatial determinants of productivity growth on agri-food spanish firms:A comparison between cooperatives and investor-owned firms. *Agricultural Economics*(2):213-223.

[178] Martínez-Victoria,M. ,Maté Sánchez-Val,M. ,Arcas-Lario,N. Spatial effects on the productive structure of spanish agri-food cooperatives. *Outlook on Agriculture*,2016(3):151-157.

[179] Mateos-Ronco, A. , Guzmán-Asunción, S. Determinants of financing decisions and management implications:Evidence from Spanish agricultural cooperatives. *International Food and Agribusiness Management Review*, 2018(6):701-721.

[180] Mayer,R. C. ,Davis,J. H. ,Schoorman,F. D. An integrative model of organizational trust. *Academy of Management Review*, 1995 (3): 709-734.

[181] McFadyen, M. A. , Cannella, A. A. Social capital and knowledge creation:diminishing returns of the number and strength of exchange relationships. *Academy of Management Journal*,2004(5):735-746.

[182] Meador,J. E. , O'Brien, D. J. ,Cook, M. L. ,Grothe, G. ,Werner, L. , Diang'a,D. ,Savoie,R. M. Building sustainable smallholder cooperatives in emerging market economies:Findings from a five-year project in Kenya. *Sustainability*,2016(7):656-670.

[183] Mérel, P. , Saitone, T. L. , Sexton, R. J. Cooperative stability under stochastic quality and farmer heterogeneity. *European Review of Agricultural Economics*,2015(5):765-795.

[184] Micheels, E. T. , Nolan, J. F. Examining the effects of absorptive

capacity and social capital on the adoption of agricultural innovations: A canadian prairie case study. *Agricultural Systems*, 2016(145):127-138.

[185] Milgrom, P., Roberts, J. The economics of modern manufacturing: Technology, strategy, and organization. *American Economic Review*, 1990(3):511-528.

[186] Mills, J., Gibbon, D., Ingram, J., Reed, M., Short, C., Dwyer, J. Organising collective action for effective environmental management and social learning in Wales. *The Journal of Agricultural Education and Extension*, 2011(17):69-83.

[187] Mishra, A. K., Kumar, A., Joshi, P. K., Alwin, D. Cooperatives, contract farming, and farm size: The case of tomato producers in Nepal. *Agribusiness*, 2018(4):865-886.

[188] Misztal, B. A. *Trust*. Cambridge: Polity Press, 1996.

[189] Mohammed, S., Dumville, B. C. Team mental models in a team knowledge framework: Expanding theory and measurement across disciplinary boundaries. *Journal of Organizational Behavior*, 2001(22):89-106.

[190] Mojo, D., Fischer, C., Degefa, T. The determinants and economic impacts of membership in coffee farmer cooperatives: Recent evidence from rural Ethiopia. *Journal of Rural Studies*, 2017(50):84-94.

[191] Monteiro, D. M. S, Caswell, J. A. Traceability adoption at the farm level: An empirical analysis of the portuguese pear industry. *Food Policy*, 2009(1):94-101.

[192] Morrison, M., Oczkowski, E., Greig, J. The primacy of human capital and social capital in influencing landholders' participation in programmes designed to improve environmental outcomes. *Australian Journal of Agricultural and Resource Economics*, 2011(55):560-578.

[193] Mors, M. L. Innovation in a global consulting firm: When the problem is too much diversity. *Strategic Management Journal*, 2010(8):841-72.

[194] Nahapiet, J., Ghoshal, S. Social capital, intellectual capital, and the organizational advantage. *The Academy of Management Review*, 1998(2):

242-266.

[195] Nilsson, J. , Ollila, P. Strategies and structures in the european dairy co-operative industry. *Journal of co-operative Studies*, 2009 (2): 14-23.

[196] Nilsson, L. , Hansson, H. , Lagerkvist, C. J. Motivational factors for remaining in or exiting a cooperative. *Agribusiness*, 2017(2): 209-225.

[197] Nilsson, J. , Hendrikse, G. W. J. Gemeinschaft and Gesellschaft in Cooperatives. In Tuunanen, M, et al. , *New Development in the Theory of Networks, Contributions to Management Science*. Berlin: Springer-Verlag, 2011.

[198] Nilsson, J. , Kihlén, A. , Norell, L. Are traditional cooperatives an endangered species? About shrinking satisfaction, involvement and trust. *International Food and Agribusiness Management Review*, 2009 (4): 103-123.

[199] Nilsson, J. , Svendsen, G. L. H. , Svendsen, G. T. Are large and complex agricultural cooperatives losing their social capital?. *Agribusiness*, 2012(2): 187-204.

[200] Nkamleu, G. B. , Adesina, A. A. Determinants of chemical input use in peri-urban lowland systems: Bivariate probit analysis in cameroon. *Agricultural Systems*, 2000(63): 111-121.

[201] North, D. C. *Institutions, Institutional Change and Economic Performance*. Cambridge: Cambridge University Press, 1990.

[202] Ogutu, S. O. , Okello, J. J. , Otieno, D. J. Impact of information and communication technology-based market information services on smallholder farm input use and productivity: The case of Kenya. *World Develoment*, 2014(64): 311-321.

[203] Okello, J. J. , Okello, R. M. , Ofwona-Adera, E. Awareness and the use of mobile phones for market linkage by smallholder farmers in Kenya. In Blessing, M. M. (ed.), *E-agriculture and e-government for global policy development: Implications and future directions*. PA: IGI Global, 2009.

[204] Ollila, P. , Nilsson, J. , Hess, S. Member behavior within internationalized

agricultural cooperatives. *Paper presented for the 6th international conference on Economics and Management of Networks* (EMNet), Morocco:Agadir,2013(11):21-23.

[205] Ollila,P. ,Nilsson,J. ,von Brömssen,C. Changing member loyalty in producer cooperatives. *Paper presented for the 5th international conference on Economics and Management of Networks* (EMNet), 2011(11):1-3.

[206] Österberg,P. ,Nilsson,J. Members' perception of their participation in the governance of cooperatives:The key to trust and commitment in agricultural cooperatives. *Agribusiness*,2009(25):181-197.

[207] Ostrom,E. Constituting social capital and collective action. *Journal of Theoretical Politics*,1994(4):527-562.

[208] Paldam,M. ,Svendsen,G. T. An essay on social capital:Looking for the fire behind the smoke. *European Journal of Political Economy*, 2000(16):339-366.

[209] Pearson,A. W. ,Carr,J. C. ,Shaw,J. C. Toward a theory of familiness: A social capital perspective. *Entrepreneurship Theory and Practice*, 2008(6):949-969.

[210] Peng,X. ,Hendrikse,G. ,Deng,W. D. Communication and innovation in cooperatives. *Journal of the Knowledge Economy*,2018(4):1-26.

[211] Pennerstorfer,D. ,Weiss,C. R. Product quality in the agri-food chain: Do cooperatives offer high-quality wine?. *European Review of Agricultural Economics*,2013(1):1-20.

[212] Pennings,J. M. ,Lee,K. ,Witteloostuijn,A. V. Human capital,social capital,and firm dissolution. *Academy of Management Journal*,1998 (4):425-440.

[213] Peterson,H. C. ,Anderson,B. L. ,Cooperative strategy:Theory and practice. *Agribusiness*,1996(4):371-383.

[214] Podolny, J. M. , Baron, J. N. Resources and relationships:Social networks and mobility in the workplace. *American Sociological Review*,1997(5):673-693.

[215] Poppo, L. , Zenger, T. R. Do formal contracts and relational governance

function as substitutes or complements? *Strategic Management Journal*, 2002(8):707-725.

[216] Porta R. L., Lopez-de-Silanes, F., Shleifer, A., Vishny, R. W. Trust in large organization, *The American Economic Review*, 1997(2): 310-321.

[217] Portes, A., Economic Sociology and the Sociology of Immigration: A Conceptual Overview. In Portes, A. (ed.), *The Economic Sociology of Immigration:Essays on Networks, Ethnicity, and Entrepreneurship*, New York:Russell Sage Foundation,1995.

[218] Portes, A., Sensenbrenner, J. Embeddedness and immigration: notes on the social determinants of economic action. *American Journal of Sociology*,1993(6):1330-1350.

[219] Portes, A. Downsides of social capital. *Proceedings of the National Academy of Sciences of the US*,2014(52):18407-18408.

[220] Putnam,R. D., *Bowling alone:The collapse and revival of American community*. New York:Simon & Schuster,2000.

[221] Putnam,R. D. The prosperous community:Social capital and public life. *American Prospect*,1993(13):35-42.

[222] Putnam, R. D. Bowling alone: America's declining social capital. *Journal of Democracy*,1995(1):65-78.

[223] Raub,W., Weesie,J. Reputation and efficiency in social interactions: an example of network effects. *American Journal of Sociology*,1990(96):626-654.

[224] Robison,L. J., Schmid, A. A, Marcelo, E. S. Is social capital really capital? *Review of Social Economy*,2002(1):1-21.

[225] Rokholt,P. O. Strengths and weaknesses of the co-operative form:a matter of perspective and opinion. *Paper Presented at the ICA International Research Conference*,1999(8):22-23.

[226] Ruben, R., Heras, J. Social capital, governance and performance of ethiopian coffee cooperatives. *Annals of Public and Cooperative Economics*,2012(4):463-484.

[227] Rudd,M. A. Live long and prosper:collective action,social capital and

social vision. *Ecological Economics*,2000(1):131-144.

[228] Sabatini,F. Do cooperative enterprises create social trust? *Small Business Economics*,2014(42):621-641.

[229] Saitone, T. L., Sexton, R. J., Malan, B. Price premiums, payment delays, and default risk: Understanding developing country farmers' decisions to market through a cooperative or a private trader. *Agricultural Economics*,2018(3):363-380.

[230] Sajeev,M. V.,Gangadharappa,N. R. The notion of social capital and its value in promoting acceptance of biotech crops. *Outlook on Agriculture*, 2010(4):305-310.

[231] Sanders, R. A market road to sustainable agriculture? Ecological agriculture. *Green Food and Organic Agriculture in China*,2006(37): 201-226.

[232] Schiele,H.,Ellis,S. C.,Ebig,M.,Henke,J. W.,Kull,T. J. Managing supplier satisfaction: Social capital and resource dependence frameworks. *Australasian Marketing Journal*,2015(2):132-138.

[233] Seibert, S. E.,Kraimer, M. L.,Liden, R. A social capital theory of career success. *Academy of Management Journal*,2001(2):219-237.

[234] Semrau, T.,Hopp, C. Complementary or compensatory? A contingency perspective on how entrepreneurs' human and social capital interact in shaping start-up progress. *Small Business Economics*, 2016 (3): 407-423.

[235] Sexton,R.,Iskow,J. Factors critical to success or failure of emerging agricultural cooperatives. *Giannini Foundation Information series*, 1988(3):88.

[236] Sexton, R. J.,Iskow, J.,The Competitive Role of Cooperatives in Market-oriented Economies: A Policy Analysis. in Csaki,C.,& Kislev,Y. (eds.), Agricultural Cooperatives in Transition, Boulder: Westview Press, 1993.

[237] Shaffer, J. D. Thinking about Farmers' Cooperatives,Contracts,and Economic Coordination. ACS Service Report No. 18, Washington, D. C.:*Department of Agriculture*,1987.

[238] Shapira, R. Loss of communal sustainability: The kibbutz shift from high-trust to low-trust culture. *Journal of Rural Cooperation*, 1999 (1):55-68.

[239] Shen, Z. Y. , Liao, Q. , Hong, Q. , Gong, Y. W. An overview of research on agricultural non-point source pollution modelling in China. *Separation and Purifcation Technology*, 2012(84):104-111.

[240] Shumeta, Z. , Haese, M. D. Do coffee cooperatives benefit farmers? An exploration of heterogeneous impact of coffee cooperative membership in southwest Ethiopia. *International Food and Agribusiness Management Review*, 2016(4):37-52.

[241] Sidibé, A. Farm-level adoption of soil and water conservation techniques in northern Burkina Faso. *Agricultural Water Management*, 2005 (71): 211-224.

[242] Snider, A. , Gutiérrez, I. , Sibelet, N. , Faure, G. Small farmer cooperatives and voluntary coffee certifications: Rewarding progressive farmers of engendering widespread change in Costa Rica?. *Food Policy*, 2017(69): 231-242.

[243] Song, Y. , Vernooy, R. *Seeds and synergies: innovating rural development in China, practical action publishing and international development research centre*. Ottawa: Rugby, 2010.

[244] Sparrowe, R. , Liden, R. , Wayne, S. , Kramer, M. Social networks and the performance of individuals and groups. *Academic Management Journal*, 2001(44):316-325.

[245] Spear, R. The co-operative advantage. *Annals of Public and Cooperative Economics*, 2000(4):507-524.

[246] Staatz, J. M. Farmers' incentives to take collective action via cooperatives: a transaction cost approach. *Cooperative Theory: New Approaches*, 1987(18):87-107.

[247] Sykuta, M. E. , Cook, M. L. A new institutional economics approach to contracts and cooperatives. *American Journal of Agricultural Economics*, 2001(5):1273-1279.

[248] Søgaard, V. Farmers, Cooperatives, New Food Products. Aarhuus: MAPP

center,*Aarhus School of Business*. 1994.

[249] Teorell,J. Linking social capital to political participation: Voluntary associations and networks of recruitment in Sweden. *Scandinavian Political Studies*,2003(1):49-66.

[250] Tepic,M. ,Trienekens,J. H. ,Hoste,R. ,Omta,S. W. F. The influence of networking and absorptive capacity on the innovativeness of farmers in the dutch pork sector. *The International Food and Agribusiness Management Review*,2012(3):1-33.

[251] Teshome,A. ,De Graaff,J. ,Kessler,A. Investments in land management in the north-western highlands of Ethiopia: The role of social capital. *Land Use Policy*,2016(57):215-228.

[252] Thongprakaisang, S. , Thiantanawat, A. , Rangkadilok, N. , Suriyo, T. ,Satayavivad,J. Glyphosate induces human breast cancer cells growth via estrogen receptors. *Food and Chemical Toxicology*,2013(3),129-136.

[253] Trechter, D. D. , King, R. P. , Walsh, L. Using communications to influence member commitment in cooperatives. *Journal of Cooperatives*, 2002(17):14-32.

[254] Tsai,W. , Ghoshal, S. Social capital and value creation: The role of intrafirm networks. *Academy of Management Journal*, 1998 (4): 464-476.

[255] Tyler T. R. ,Kramer R. M. ,Whither trust? In Kramer,R. M. ,Tyler, T. R. (Eds.),Trust in Organizations: Frontiers of Theory and Research. *Thousand Oaks*,CA:Sage,1996.

[256] Unnevehr,L. ,Hoffmann,V. Food safety management and regulation: International experiences and lessons for China. *Journal of Integrative Agriculture*,2015(14):2218-2230.

[257] Uphoff, N. , Wijayaratna, C. M. Demonstrated benefits from social capital: The productivity of farmer organizations in Gal Oya, Sri Lanka, *World Development*,2000(11):1875-1890.

[258] Uzzi,B. D. The sources and consequences of embeddedness for economic performance of organizations. *American Sociological Review*,1996(61): 674-698.

[259] Valentinov,V. Toward a social capital theory of cooperative organization. *Journal of Cooperative Studies*,2004(3):5-20.

[260] Van Rijn,F. V. ,Bulte,E. ,Adekunle,A. Social capital and agricultural innovation in sub-saharan Africa. *Agricultural Systems*,2012(108): 112-122.

[261] Verhofstadt, E. , Maertens, M. Can agricultural cooperatives reduce poverty? Heterogeneous impact of cooperative membership on farmers' welfare in Rwanda. *Applied Economic Perspectives and Policy*,2015 (1):86-106

[262] Vinding,A. L. , Absorptive capacity and innovative performance: A human capital approach. *Economics of Innovation and New Technology*, 2006(4-5),507-517.

[263] Vitaliano, P. Cooperative enterprise: An alternative conceptual basis for analyzing a complex institution. *American Journal of Agricultural Economics*,1983(5):1078-1083.

[264] Walker,G. , Kogut, B. , Shan, W. Social capital, structural holes, and the formation of an industry network. *Organization Science*,1997(2): 109-125.

[265] Wambugu,S. N. , Okello,J. J. , Nyikal, R. A. Effect of social capital on performance of smallholder producer organizations: The case of groundnut growers in Western Kenya. *Contributed Paper prepared for presentation at the International Association of Agricultural Economists Conference*, 2009(8):16-22.

[266] Weber,C. ,Weber,B. Exploring the antecedents of social liabilities in CVC triads-A dynamic social network perspective. *Journal of Business Venturing*,2011(2):255-272.

[267] Westlund,H. ,Gawell,M. Building social capital for social entrepreneurship. *Annals of Public and Cooperative Economics*,2012(1):101-116.

[268] Wollebaek,D. , Selle, P. Does participation in voluntary associations contribute to social capital? The impact of intensity,scope,and type. *Nonprofit and Voluntary Sector Quarterly*,2002(1):32-61.

[269] Wollni, M. , Fischer, E. Member deliveries in collective marketing

relationships: Evidence from coffee cooperatives in costa rica. *European Review of Agricultural Economics*, 2015(2):287-314.

[270] Wossen, T. , Berger, T. , Di Falco, S. Social capital, risk preference and adoption of improved farm land management practices in Ethiopia. *Agricultural Economics*, 2015(46):81-97.

[271] Wu, W. Dimensions of social capital and firm competitiveness improvement: The mediating role of information sharing. *Journal of Management Studies*, 2008(1):122-146.

[272] Xu, Y. N. , Liang, Q. , Huang, Z. H. Benefits and pitfalls of social capital for farmer cooperatives: Evidence from China. *International Food and Agribusiness Management Review*, 2018(8):1137-1152.

[273] Yang, H. , Klerkx, X. , Leeuwis, C. Functions and limitations of farmer cooperatives as innovation intermediaries:Findings from China. Agricultural Systems, 2013(127):115-125.

[274] Yu, L. , Nilsson, J. Social capital and the financing performance of farmer cooperatives in Fujian province, China. *Agribusiness*, 2018(4): 847-864.

[275] Zhang, B. , Lin, J. , Liu, R. Factors affecting the food firm's intention to control quality safety in China: The moderating effect of government regulation. *Chinese Management Studies*, 2016(10):256-271.

[276] Zhang, M. , Zeiss, M. R. , Geng, S. Agricultural pesticide use and food safety:California's model. *Journal of Integrative Agriculture*, 2015(14): 2340-2357.

[277] Zhou, J. , Li, K. , Liang, Q. Food safety controls in different governance structures in China's vegetable and fruit industry. *Journal of Integrative Agriculture*, 2015(11):2189-2202.

[278] Zhou, J. , Jin, S. Safety of vegetables and the use of pesticides by farmers in China: Evidence from Zhejiang province. *Food Control*, 2009(20):1043-1048.

[279] Zhou, J. , Yan, Z. , Li, K. Understanding farmer cooperatives' self-inspection behavior to guarantee agri-product safety in China. *Food Control*, 2016(59):320-327.

[280] Zucker,L. G. Production of trust:Institutional sources of economic structure. *Research in Organizational Behavior*,1986(8):53-111.

[281] 蔡荣,郭晓东,马旺林,2015a.合作社社员信任行为实证分析——基于鲁陕两省 672 名苹果专业合作社社员的调查.农业技术经济(10):69-80.

[282] 蔡荣,马旺林,王舒娟,2015b.小农户参与大市场的集体行动:合作社社员承诺及其影响因素.中国农村经济(4):44-58.

[283] 蔡荣,易小兰.合作社治理的成员态度与参与行为——以鲁陕两省 672 位果农调查为例.农业技术经济,2017(1):98-108.

[284] 陈东平,张雷,高名姿.互联性交易与股份合作制专业合作社内信用合作契约治理研究——以旺庄果品专业合作社为例.农业经济问题,2017(5):28-35.

[285] 陈于.动机理论视角下农民合作社产生机制探析——以广西上寨屯为例.农业经济问题,2015(7):73-79.

[286] 崔宝玉,高钰玲,简鹏,2017a.——"四重"嵌入与农民专业合作社"去内卷化".农业经济问题(8):25-34.

[287] 崔宝玉,简鹏,刘丽珍,2017b.农民专业合作社绩效决定与"悖论"——基于 AHP-QR 的实证研究.农业技术经济(1):109-123.

[288] 崔宝玉,刘丽珍.交易类型与农民专业合作社治理机制.中国农村观察,2017(4):17-31.

[289] 崔宝玉,徐英婷,简鹏.农民专业合作社效率测度与改进"悖论".中国农村经济,2016(1):69-82.

[290] 崔宝玉.农民专业合作社:社会资本的动用机制与效应价值,中国农业大学学报(社会科学版),2015(4):101-109.

[291] 邓衡山,徐志刚,应瑞瑶,廖小静.真正的农民专业合作社为何在中国难寻?——一个框架性解释与经验事实.中国农村观察,2016(4):72-83,96-97.

[292] 邓衡山,徐志刚.《农民专业合作社法》需要大改吗?——兼论名实之辨的意义与是否需要发展中国特色合作社理论.农业经济问题,2016(11):80-87,113-114.

[293] 邓宏图,马太超,徐宝亮.理性的合作与理性的不合作——山西省榆社县两个合作社不同命运的政治经济学透视.中国农村观察,2017(4):

2-16.

[294] 冯娟娟,霍学喜.成员参与合作社治理行为及其影响因素——基于273个苹果种植户数据的实证分析.农业技术经济,2017(2):72-81.

[295] 高海.《农民专业合作社法》的改进与完善建议.农业经济问题,2018(5):43-52.

[296] 高海.《农民专业合作社法》修改的思路与制度设计.农业经济问题,2017(3):4-14.

[297] 高强.农民合作社在乡村振兴中有广阔的发展空间.中国农民合作社,2018(2):47.

[298] 戈锦文,范明,肖璐.社会资本对农民合作社创新绩效的作用机理研究——吸收能力作为中介变量.农业技术经济,2016(1):118-127.

[299] 戈锦文,肖璐,范明.魅力型领导特质及其对农民合作社发展的作用研究.农业经济问题,2015(6):67-74.

[300] 耿新,张体勤.企业家社会资本对组织动态能力的影响——以组织宽裕为调节变量.管理世界,2010(6):109-121.

[301] 管洪彦,孔祥智.农民专业合作社法人财产权:规范解释与修法思路.农业经济问题,2017(5):4-14.

[302] 管珊,万江红,钟涨宝.农民专业合作社的网络化治理——基于鄂东H合作社的案例研究.中国农村观察,2015(5):31-38.

[303] 郭斐然,孔凡丕.农业企业与农民合作社联盟是实现小农户与现代农业衔接的有效途径.农业经济问题,2018(10):46-49.

[304] 郭红东,楼栋,胡卓红,林迪.影响农民专业合作社成长的因素分析——基于浙江省部分农民专业合作社的调查.中国农村经济,2009(8):24-31.

[305] 胡平波.支持合作社生态化建设的区域生态农业创新体系构建研究.农业经济问题,2018(12):94-106.

[306] 黄敬宝.人力资本、社会资本对大学生就业质量的影响.北京社会科学,2012(3):52-58.

[307] 黄胜忠,林坚,徐旭初.农民专业合作社治理机制及其绩效实证分析.中国农村经济,2008(3):65-73.

[308] 黄晓俐.农民专业合作社的绩效研究.雅安:四川农业大学,2009.

[309] 黄岩,陈泽华.信任、规范与网络:农民专业合作社的社会资本测量——

以江西 S 县隆信渔业合作社为例.江汉论坛,2011(8):9-14.

[310] 黄祖辉,朋文欢.农民合作社的生产技术效率评析及其相关讨论——来自安徽砀山县 5 镇(乡)果农的证据.农业技术经济,2016(8):4-14.

[311] 黄祖辉,2008b.中国农民合作组织发展的若干理论与实践问题.中国农村经济(11):4-8.

[312] 季晨,贾甫,徐旭初.基于复衡性和绩效视角的农民合作社成长性探析——对生猪养殖合作社的多案例分析.中国农村观察,2017(3):72-86.

[313] 姜翰,金占明,焦捷,马力.不稳定环境下的创业企业社会资本与企业"原罪"——基于管理者社会资本视角的创业企业机会主义行为实证分析.管理世界,2009(6):102-114.

[314] 鞠立瑜,傅新红,杨锦秀,庄天慧.农民专业合作社理事长的内部社会资本状况分析——基于四川省 116 位理事长的调查.农业技术经济,2012(4):37-43.

[315] 孔祥智.乡村振兴离不开农民合作社.中国农民合作社,2018(3):53.

[316] 李婵娟,左停."嵌入性"视角下合作社制度生存空间的塑造——以宁夏盐池农民种养殖合作社为例.农业经济问题,2013(6):30-36,110.

[317] 李琳琳.我国本土合作社的现实图景——对合作社"制度变异说"的反思与讨论.农业经济问题,2017(7):24-32.

[318] 李明贤,周蓉.社会信任、关系网络与合作社社员资金互助行为——基于一个典型案例研究.农业经济问题,2018(5):103-113.

[319] 李世杰,校亚楠,沈媛瑶,高健.农民专业合作社能增大农户在流通渠道中的影响力吗——基于海南 8 个市县的问卷调查.农业技术经济,2016(9):50-59.

[320] 李旭,李雪.社会资本对农民专业合作社成长的影响——基于资源获取中介作用的研究.农业经济问题,2019(1):125-133.

[321] 李旭.农民专业合作社成长性的评价与决定机制——基于利益相关者理论.农业技术经济,2015(5):76-84.

[322] 李云新,王晓璇.农民专业合作社行为扭曲现象及其解释.农业经济问题.2017(4):14-22.

[323] 梁巧,吴闻,刘敏,卢海阳.社会资本对农民合作社社员参与行为及绩效的影响.农业经济问题,2014(35):71-79,111.

[324] 廖媛红. 农民专业合作社内部社会资本对成员满意度的影响——以管理正规化程度为调节变量. 经济社会体制比较,2012(5):169-182.

[325] 林乐芬,顾庆康. 农户入股农村土地股份合作社决策和绩效评价分析——基于江苏1831份农户调查. 农业技术经济,2017(11):49-60.

[326] 林乐芬,李伟. 农户对土地股份合作组织的决策响应研究——基于744户农户的问卷调查. 农业经济问题,2015(8):91-96.

[327] 刘同山. 农民合作社在乡村振兴中大有可为. 中国农民合作社,2018(8):37.

[328] 刘传江,周玲. 社会资本与农民工的城市融合. 人口研究,2004(5):12-18.

[329] 刘冬文. 农民专业合作社融资困境:理论解释与案例分析. 农业经济问题,2018(3):78-86.

[330] 刘观来. 合作社与集体经济组织两者关系亟须厘清——以我国《宪法》的完善为中心. 农业经济问题,2017(11):14-22.

[331] 刘观来. 我国农民专业合作社社员权的诉权保护——以社员代表诉讼的制度构建为中心. 农业经济问题,2016(12):23-31.

[332] 刘俊文. 农民专业合作社对贫困农户收入及其稳定性的影响——以山东、贵州两省为例. 中国农村经济,2017(2):44-55.

[333] 刘骏,张颖,艾靓,秦琴. 利润追逐:合作社盈余分配制度的选择动力. 农业经济问题,2018(4):49-60.

[334] 刘骏,张颖聪,艾靓. 农民专业合作社的真伪之争:分歧的焦点与原因. 农业经济问题,2017(7):16-23.

[335] 刘同山. 农民合作社的幸福效应:基于 ESR 模型的计量分析. 中国农村观察,2017(4):32-42.

[336] 刘西川,徐建奎. 再论"中国到底有没有真正的农民合作社"——对《合作社的本质规定与现实检视》一文的评论. 中国农村经济,2017(7):72-84.

[337] 刘雨欣,李红,郭翔宇. 异质性视角下农机合作社内部监督缺失问题的博弈分析——以黑龙江省为例. 农业经济问题,2016(12):31-38.

[338] 卢学英,张胜武,李薇. 创新性精准扶贫方式促乡村振兴——安徽省岳西县农民专业合作社助农脱贫实践. 中国合作经济,2018(6):59-62.

[339] 罗倩文,王钊. 社会资本与农民合作经济组织集体行动困境的治理. 经

济体制改革,2009(1):93-96.

[340] 孟飞.农村大户领办合作社:生成、影响及其规制.农业经济问题,2016(9):71-79.

[341] 聂左玲,汪崇金.专业合作社信用互助:山东试点研究.农业经济问题,2017(11):23-30,110.

[342] 欧阳煌,李思.创新扩散、制度网络与专业合作社发展——基于小世界网络视角.中国农村经济,2016(8):82-95.

[343] 潘传快,祁春节.农业合作社生产控制权让渡分析——以赣南柑橘为例.农业技术经济,2015(11):90-98.

[344] 潘越,戴亦一,吴超鹏,刘建亮.社会资本、政治关系与公司投资决策.经济研究,2009(44):82-94.

[345] 朋文欢,傅琳琳.贫困地区农户参与合作社的行为机理分析——来自广西富川县的经验.农业经济问题,2018(11):134-144.

[346] 秦愚,苗彤彤.合作社的本质规定性.农业经济问题,2017(4):4-13.

[347] 秦愚.利用新集体行动理论揭示农民合作社制度.农业经济问题,2018(3):33-45.

[348] 秦愚.农业合作社的资本问题——基于相关理论与实践的思考.农业经济问题,2015(7):60-72.

[349] 秦愚.中国实用主义合作社理论是创新还是臆想.农业经济问题,2017(7):4-16.

[350] 曲承乐,任大鹏.合作社理事长的商业冒险精神与社员的风险规避诉求——以北京市门头沟区 AF 种植专业合作社为例.中国农村观察,2018(1):28-39.

[351] 任大鹏.合作社应当成为乡村振兴的主力军.中国农民合作,2018(5):15-16.

[352] 邵科,徐旭初.合作社社员参与:概念、角色与行为特征.经济学家,2013(1):85-92.

[353] 邵科.农民专业合作社成员参与:内涵、特征与作用机理.杭州:浙江大学出版社,2013.

[354] 苏昕,周升师,张辉.农民专业合作社"双网络"治理研究——基于案例的比较分析.农业经济问题,2018(3):67-77.

[355] 田野.农民专业合作社流通服务功能发挥的影响分析.农业技术经济,

2016(2):92-102.

[356] 童馨乐,褚保金,杨向阳.社会资本对农户借贷行为影响的实证研究——基于八省 1003 个农户的调查数据.金融研究,2011(12):177-191.

[357] 万江红,耿玉芳.合作社的人际信任和系统信任研究.农业经济问题,2015(7):80-87.

[358] 万俊毅,曾丽军.合作社类型、治理机制与经营绩效.中国农村经济,2020(2):30-45.

[359] 王春超,周先波.社会资本能影响农民工收入吗?——基于有序响应收入模型的估计和检验.管理世界,2013(9):55-68,101,87.

[360] 王鹏,于宏,霍学喜,2015a.退社行为对合作社可持续发展的影响分析——来自渤海湾优势区 211 户退社果农的实证.中国农村观察(2):13-22.

[361] 王鹏,于宏,霍学喜,2015b.退社行为对农民合作组织可持续发展的影响分析——基于三个果农合作社典型案例.农业经济问题(7):88-96.

[362] 王图展.农民合作社议价权、自生能力与成员经济绩效——基于 381 份农民专业合作社调查问卷的实证分析.中国农村经济,2016(1):53-68.

[363] 王图展.自生能力、外部支持与农民合作社服务功能.农业经济问题,2017(5):14-27.

[364] 王真.合作社治理机制对社员增收效果的影响分析.中国农村经济,2016(6):39-50.

[365] 吴宝,李正卫,池仁勇.社会资本、融资结网与企业间风险传染——浙江案例研究.社会学研究,2011(3):84-105,244.

[366] 席莹,吴春梅.农民专业合作社的双元能力建设及其治理效应.农业经济问题,2017(8):35-44.

[367] 肖琴,李建平,李俊杰,姬悦,牛云霞,迟亮.财政扶持农民专业合作社的瞄准机制研究——基于东部某市农业综合开发产业化经营项目的思考.农业经济问题,2015(5):98-103.

[368] 徐凤江.社会资本对农民专业合作社的影响分析.理论观察,2013(12):82-83.

[369] 徐旭初,吴彬.合作社是小农户和现代农业发展有机衔接的理想载体吗?.中国农村经济,2018(11):80-95.

[370] 徐旭初.从十九大报告看农民合作社的作用空间.中国农民合作社,

2017(11):30.

[371] 徐旭初.中国农民专业合作经济组织的制度分析.经济科学出版社,2005.

[372] 徐志刚,朱哲毅,邓衡山,宁可.产品溢价、产业风险与合作社统一销售——基于大小户的合作博弈分析.中国农村观察,2017(5):102-115.

[373] 颜华,冯婷.农民专业合作社普通成员的利益实现及其保障机制研究——基于黑龙江省25家种植业合作社的调查.农业经济问题,2015(2):34-40.

[374] 杨丹,刘自敏,徐旭初.环境异质性、合作社交叉效率与合作关系识别.农业技术经济,2015(3):33-45.

[375] 杨丹,刘自敏.农户专用性投资、农社关系与合作社增收效应.中国农村经济,2017(5):45-57.

[376] 杨勇,包菊芬.农民专业合作社的代际问题与效率提升.农业经济问题,2015(8):83-90.

[377] 叶静怡,周晔馨.社会资本转换与农民工收入——来自北京农民工调查的证据.管理世界,2010(10):34-46.

[378] 应瑞瑶,朱哲毅,徐志刚.中国农民专业合作社为什么选择"不规范".农业经济问题,2017(11):4-13.

[379] 尤游.农民合作社在资本深化背景下的发展模式选择.农业经济问题,2018(6):67-73.

[380] 余丽燕,Jerker Nilsson.农民合作社资本约束:基于社会资本理论视角.中国农村观察,2017(5):87-101.

[381] 张琛,孔祥智.农民专业合作社成长演化机制分析——基于组织生态学视角.中国农村观察,2018(3):128-144.

[382] 张广胜,柳延恒.人力资本、社会资本对新生代农民工创业型就业的影响研究——基于辽宁省三类城市的考察.农业技术经济,2014(6):4-13.

[383] 张连刚,柳娥.组织认同、内部社会资本与合作社成员满意度——基于云南省263个合作社成员的实证分析.中国农村观察,2015(5):39-50.

[384] 张明月,薛兴利,郑军.合作社参与"农超对接"满意度及其影响因素分析——基于15省580家合作社的问卷调查.中国农村观察,2017(3):87-101.

[385] 张社梅,董杰,孙战利.农业科技机构与合作社技术对接的程度分析——基于四川的调查.农业技术经济,2016(11):106-114.

[386] 张益丰.乡村振兴战略中合作社发展趋向及价值发现.中国农民合作社,2018(3):55.

[387] 张滢.以合作社为核心的丹麦猪肉产业组织体系:组织架构、制度特性与经验借鉴.中国农村经济,2016(1):83-91.

[388] 赵晓峰,2018b.合作社:让农民成为振兴乡村的主体.中国农民合作社(3):54.

[389] 赵光勇,陈邓海.农民工社会资本与城市融入问题研究.当代世界与社会主义,2014(2):187-193.

[390] 赵凌云,王永龙.社会资本理论视野下的农民专业合作组织建设——浙北芦溪村农民青鱼专业合作社的个案研究.当代经济研究,2008(8):51-55.

[391] 赵凌云.社会资本与农民专业合作社的发展——一个正式制度与本土资源相融合的视角.理论导刊,2008(6):82-84,90.

[392] 赵泉民,李怡.关系网络与中国乡村社会的合作经济——基于社会资本视角.农业经济问题,2007(8):40-46.

[393] 赵晓峰,付少平.多元主体、庇护关系与合作社制度变迁——以府城县农民专业合作社的实践为例.中国农村观察,2015(2):2-12.

[394] 赵晓峰,邢成举.农民合作社与精准扶贫协同发展机制构建:理论逻辑与实践路径.农业经济问题,2016(4):23-29.

[395] 赵晓峰.农民专业合作社制度演变中的"会员制"困境及其超越.农业经济问题,2015(2):27-33.

[396] 赵晓峰,2018a.信任建构、制度变迁与农民合作组织发展——一个农民合作社规范化发展的策略与实践.中国农村观察(1):14-27.

[397] 赵新龙.合作社决议效力规则的立法构造及其适用.农业经济问题,2018(3):56-66.

[398] 郑军南.社会嵌入视角下的合作社发展——基于一个典型案例的分析.农业经济问题,2017(10):69-77.

[399] 郑适,陈茜苗,王志刚.土地规模、合作社加入与植保无人机技术认知及采纳——以吉林省为例.农业技术经济,2018(6):92-105.

[400] 钟真,穆娜娜,齐介礼.内部信任对农民合作社农产品质量安全控制效

果的影响——基于三家奶农合作社的案例分析.中国农村经济，2016(1):40-52.

[401] 钟真,张琛,张阳悦.纵向协作程度对合作社收益及分配机制影响——基于4个案例的实证分析.中国农村经济,2017(6):16-29.

[402] 仲亮.农民对专业合作经济组织信任研究.西安:西北农林科技大学,2013.

[403] 周洁红,黄好.以标准化为手段充分发挥合作社在乡村振兴中的引领作用.中国农民合作社,2018(3):37-38.

[404] 周洁红.农户蔬菜质量安全控制行为及其影响因素分析——基于浙江省396户菜农的实证分析.中国农村经济,2006(11):25-34.

[405] 周娟.农民分化结构下农民合作组织的建设——韩国的经验与启示.农业经济问题,2017(5):102-109.

[406] 周应恒,胡凌啸.中国农民专业合作社还能否实现"弱者的联合"?——基于中日实践的对比分析.中国农村经济,2016(6):30-38.

[407] 周振,孔祥智.盈余分配方式对农民合作社经营绩效的影响——以黑龙江省克山县仁发农机合作社为例.中国农村观察,2015(5):19-30.

[408] 朱哲毅,邓衡山,应瑞瑶.价格谈判、质量控制与农民专业合作社农资购买服务.中国农村经济,2016(7):48-58.